Mes premiers godillots

Ou la vie presque ordinaire d'Alexandre

Michel Cousseau

Mes premiers godillots

ISBN : 979-10-326-4532-1
Dépôt légal : Juillet 2021

Aimer, c'est accepter de vieillir avec l'autre.

En vérité, le chemin importe peu,
la volonté d'arriver suffit à tout.
Saint-Exupéry.

Les personnes qui vendent des outils
ne savent même pas s'en servir.
Marcel Pagnol.

Chapitre 1

Prologue

Nous sommes précisément le dimanche matin du 16 avril de l'année 1993. C'est une journée plutôt exceptionnelle. Il est relativement tôt, le soleil un peu masqué joue inexorablement à cache-cache avec les altocumulus. Mais la tendance semble aller vers une belle journée printanière annoncée, ce qui est plutôt agréable et rassurant. La nature a déjà pris quelques couleurs vert pâles. En effet, les arbres bourgeonnent, certains sont déjà en fleur, d'autres attendent, se gardant bien du temps qu'il faudra pour pouvoir s'ouvrir à la félicité printanière. Un couple de merles s'agace dans le cerisier, madame merle n'a pas l'air d'accord pour la gaudriole alors que monsieur babille à tue-tête. C'est alors qu'un couple de tourterelles, ignorant le babillement, se pose à la cime de l'arbre, peut-être que cela éveillera leur libido. J'aperçois un écureuil dans le noisetier du voisin, l'air inquiet, il me regarde puis préfère vaquer à d'autres occupations, probablement à la quête de quelques noisettes qu'il aura planquées à l'automne dernier. Ces événements augurent de la quiétude du quartier où réside Alexandre, mon père. Quel plaisir de partager ces petits moments printaniers annonciateurs de vie et d'ataraxie. Plaisir que seule la campagne peut distiller parcimonieusement pour notre plus grande béatitude. Nous venons de traverser une période agitée entre giboulées dites de mars et quelques coups de vent, et c'est un réel bonheur de voir enfin les beaux jours arriver, l'hiver ayant été particulièrement long, froid et perturbé.

Mon épouse et moi avons décidé de réserver une belle surprise à mon père. Enfin, je l'espère. Voilà plusieurs années, depuis que notre mère n'est plus là, que nous essayons de faire, dans la mesure du possible, le maximum pour passer les dimanches ensemble. Au corps défendant de mon frère et ma sœur, nous n'habitons pas très loin de la maison de nos parents. Deux options s'offrent à nous, la première : nous nous rendons chez lui afin d'y passer la journée ou bien la deuxième, le plus souvent, ce sera chez nous à la maison qu'il passera son dimanche. C'est un vrai plaisir que nous partageons à chaque fois. Je pense que nous faisons sans doute partie de cette génération d'enfants qui « vénèrent » encore l'image du Père. Icône respectable et respectée ayant vécu mille vies que l'on ose à peine imaginer.

Le portail est grand ouvert ainsi que les volets de la maison, ce qui laisse augurer que le Père nous attend patiemment, tellement habitué à ces rendez-vous hebdomadaires que seules des raisons extraordinaires viendraient à faire manquer.

Je rentre la voiture dans la cour. Les massifs de fleurs, si beaux d'habitude, sont négligés depuis que maman n'est plus là. Disparue trop tôt, cinq années auparavant des suites d'une longue et pénible maladie. Elle savait tant ornementer sa cour avec goût, en y mêlant quantité de fleurs, variant les couleurs et les senteurs. C'était une bonne maman qui savait faire énormément de choses de ses dix doigts. La broderie, le tricot, la couture, la cuisine, la pâtisserie n'avaient aucun secret pour elle… Elle nous manque à tous.

« *Difficile de reprendre goût à la vie après cela, après tant d'années passées ensemble* », disait le père.

Aujourd'hui nous sommes le16 avril, c'est son anniversaire, quatre-vingt-onze printemps. Nous allons le fêter dignement, comme il se doit. Connaissant parfaitement mon père, je sais qu'il ne rechignera pas à la fête. C'est ce qu'on appelle un bon vivant et surtout un bon épicurien.

Chapitre 2

L'anniversaire

Bien entendu, il ne peut être au courant de la surprise que nous lui réservons. J'imagine déjà la joie qu'elle lui procurera. Enfin, je l'espère. Il vient à l'instant de terminer son petit-déjeuner et il est un peu surpris de nous voir arriver si tôt, étant habitué à ce que ce soit sur le coup de onze heures.

— Salut. Bon anniversaire mon vieux papa. Comment vas-tu en ce jour exceptionnel ?

On s'embrasse. À peine surpris, mon vieux bonhomme est bien entendu touché par ces quelques mots, il cache à peine son émotion et il sait que nous n'avons jamais manqué de le lui souhaiter. Il a encore très fière allure ce vieux rebelle tant épris de la vie. Il est vrai qu'il lui arrive souvent de se mettre en pétard, surtout après les dirigeants politiques qui ne font que des « *conneries* », selon ses termes.

Passionné et grand amoureux de la nature depuis toujours, jardinier bio, on peut le dire, chasseur, il y a encore quelques années, ne ratant jamais un grand événement sportif à la télé, amateur de football, de rugby et du Tour de France.

Chaque jour, il lit son journal : *La Nouvelle République*. Il y fait la grille de mots fléchés et le soir, c'est la grand-messe du JT de vingt heures.

C'est un homme profondément ancré à gauche, peut-être même quelque peu « anar », agnostique convaincu, qui a toujours su nous répéter que les grandes avancées sociales afin d'améliorer les conditions de vie et de travail des ouvriers étaient dues au Front populaire et à Léon Blum en 36 qui avaient instauré les congés payés, la semaine de quarante heures, les conventions collectives, etc.

Nostalgie, nostalgie des années trente, néanmoins, toujours très affûté quant aux choses de la vie actuelle. Mais revenons à ce qui nous amène sitôt.

— J'aimerais, si tu le veux bien, afin de fêter ton anniversaire, que tu nous montres où tu es né. Il s'agit d'un village dont tu nous as souvent parlé, mais à vrai dire, nous ne connaissons absolument pas cet endroit. Je ne sais pas si c'est une bonne idée, mais ce serait une très belle surprise pour toi et ça nous ferait vraiment plaisir. Nous serions enchantés que tu nous fasses découvrir ton village natal, et ravi de revoir la maison où tu es né, ton école et tout ce dont tu pourrais te rappeler concernant cette époque relative à ta plus tendre enfance. Serais-tu d'accord ?

En voyant son visage s'illuminer, nous comprenons que nous venons de faire mouche. Je suis persuadé d'avoir touché la corde sensible. Là où sont enfouis des tas de souvenirs malgré le temps passé. Je le sens vraiment très ému. Son visage exprime l'ébahissement, puis la joie. Il est quasiment muet, puis il bafouille d'émotion.

– Merci. Merci beaucoup d'avoir eu cette idée. Je suis vraiment touché. C'est une tendre attention. C'est probablement le plus beau cadeau que vous puissiez me faire à l'occasion de mon anniversaire. Et oui, cela fait aujourd'hui quatre-vingt-cinq ans exactement et je n'y suis plus jamais retourné. Jamais à ce jour on ne me l'avait proposé, personne avant vous n'y avait pensé. Il est vrai que jamais non plus je n'avais osé en faire la demande. Vous êtes adorables tous les deux, vous me faites extrêmement plaisir. Pour être une bonne surprise, c'est une bonne surprise. Tout doit avoir changé maintenant là-bas. Je ne reconnaîtrai peut-être plus rien. C'est loin, il y a beaucoup de route, cela fait tout de même un sacré bout de chemin. C'est bien après Bressuire en direction de Cholet.

– Ce n'est pas grave. Ne t'inquiète pas, papa. Nous avons tout prévu. Presse-toi, va faire rapidement ta toilette et enfile ton plus beau costume, nous prendrons le temps qu'il faudra pour nous y rendre. On déjeunera là-bas, sur place.

– D'accord, bonne idée, comme c'est vous qui m'emmenez, j'offre le déjeuner.

– Non, c'est nous qui t'offrons le repas et c'est avec grand plaisir.

– Ça n'est pas négociable. Vous avez eu cette bonne idée et c'est pour moi le plus beau des cadeaux. Si tu le veux bien, prends l'annuaire et téléphone pour réserver une table pendant que je fais ma toilette. C'est vraiment une très belle idée, je suis heureux et impatient de m'y rendre. Vous me comblez. Vous êtes adorables tous les deux. Ah, je suis fou de joie. Je vais pouvoir revoir…

Mais nous n'entendrons jamais la suite de la phrase. Le voilà alerte et tout guilleret qui grimpe les escaliers alors que nous fêtons ce jour même ses quatre-vingt-onze printemps.

Chapitre 3

Le Peu

Mon père est né en 1902 dans un tout petit village du nord des Deux-Sèvres. Village qui a pour nom « Le Peu du Pin », situé à quelques kilomètres au nord de Bressuire. Il m'en a souvent parlé, mais je n'y suis jamais allé pas plus que lui n'y est retourné.

Je prends l'annuaire que je consulte à la page du Pin. Il y a bien un restaurant au Peu, ça tombe bien. Je compose le numéro, un répondeur m'annonce que l'établissement est fermé les samedis, les dimanches et les jours fériés. Pas de chance.

Je savais qu'après avoir habité Le Peu du Pin, mes grands-parents avec toute leur petite famille avaient déménagé à Noirterre, une petite commune à quelques kilomètres, à l'est de Bressuire. Il y a un restaurant, j'appelle, la chance nous sourit. Il y aura bien une table réservée pour nous en arrivant vers midi trente. Super. Le père redescend de l'étage, radieux, « *sapé comme un Premier ministre* » (selon son expression).

– C'est bon, je suis prêt, on peut partir, je pense qu'il nous faudra bien environ deux heures de route afin de nous y rendre.

Je confirme. Il est heureux mon bon vieux papa. À sa mine enjouée, je sais que nous lui faisons un beau et énorme cadeau. Et ça, ça n'a pas de prix. Cela me comble de bonheur et je suis aussi heureux et curieux que lui de pouvoir partager ces moments de souvenirs et de retrouvailles en sa compagnie. Je l'espère de tout cœur.

Assis auprès de moi, il ne dit mot pendant le trajet. Impatient d'arriver, je le sens stressé, impassible, concentré sur la route qui défile, mais pressé de faire étape dans ce petit pays qui l'a vu naître depuis tellement d'années et qu'il va redécouvrir en faisant resurgir du plus profond de sa mémoire les souvenirs de sa plus tendre enfance.

Les minutes et les kilomètres défilent. Son visage exprime l'inquiétude de ne pas retrouver ses souvenirs d'enfance, les odeurs, les sensations, les faits marquants gravés dans un coin de sa tête, qui ne doivent à jamais tomber dans l'oubli.

La mémoire est ainsi faite, tous nos souvenirs sont gravés sur notre « disque dur » pour l'éternité. Il suffit parfois d'un fait, d'un déclic, et tout revient comme si cela ne datait que de quelques jours.

Au fil des kilomètres, son visage semble se rasséréner petit à petit. Je le vois plus détendu, il attend impatiemment le bon moment. L'appréhension diminue. Ce moment tant attendu qui va peut-être le bouleverser, sans doute le combler d'émotion, de joie et de réminiscences.

Personnellement, j'espère pour lui qu'il ne sera pas trop déçu. Nous traversons Bressuire. Il sait que nous ne sommes plus très loin. Restent quelques kilomètres encore et nous serons au Peu.

Quelques minutes plus tard, nous apercevons sur la droite un panneau indicateur nous indiquant que nous ne sommes plus qu'à deux kilomètres pour arriver enfin à notre étape. Son visage change. Les yeux grands ouverts, de sa lèvre inférieure, je le vois mordiller les poils de sa moustache. Il scrute la route, impatient de redécouvrir ce village qui l'a vu naître. Comme je le comprends.

Chapitre 4

L'impatience

Le panneau « Le Peu » est enfin là, face à nous, devant ses yeux grands écarquillés.
J'ai quelques frissons. Mon père bouillonnant veut décrocher sa ceinture de sécurité alors que la voiture n'est pas totalement à l'arrêt.

— Eh, patiente un peu, veux-tu, attends que nous soyons arrêtés. Tu ne vas pas descendre en cours de route tout de même !

Un vrai gosse, j'aperçois un petit sourire qui en dit long. Je le sens et je le sais détendu. Nous sommes rassurés. Concernant son cadeau d'anniversaire, je crois que nous avons idéalement « *tapé dans le mille* » (selon son expression). En parfaite communion, nous apprécions cet instant. La joie que l'on devine sur son visage atteste de la plénitude et de la réussite de notre initiative. Qu'il est plaisant de faire plaisir ! La voiture est enfin parquée sur une aire de stationnement. Sans plus attendre, il se libère de sa ceinture de sécurité et met le pied à terre, pressé de retrouver cette terre qui l'a vu naître et qu'il n'avait jamais revue depuis maintenant quatre-vingt-cinq ans. J'imagine qu'il doit ressentir des multitudes de choses en son for intérieur, que son cœur doit palpiter. Le village, sans avoir subi d'énormes transformations, doit s'être logiquement transformé au fil des décennies. Comme le sont tous les villages et les villes d'aujourd'hui.

Va-t-il s'y retrouver, va-t-il ressentir des effluences du temps jadis ? J'ai hâte de voir sa réaction.

Le Peu est un lieu-dit tout en longueur, traversé par une route nationale passant par Bressuire et rejoignant Cholet. De chaque côté de la route, des maisons semblent disposées de telle manière que le ruban d'asphalte ne déborde point afin d'assurer le cap aux nombreux usagers de la route. Beaucoup sont fermées en ce dimanche d'avril. Quelques arbres récemment plantés délimitent l'entrée d'un parking. Nous sommes garés devant le fameux restaurant que j'avais essayé de contacter ce matin. Il s'agit d'un « Routier » et voilà la raison pour laquelle il est fermé aujourd'hui. Deux ou trois petites ruelles perpendiculaires à la grande route mènent à l'intérieur du village vers quelques vieilles demeures. Certaines sont rénovées. L'endroit est très calme, pas âme qui vive en ce dimanche matin. J'ai du mal à imaginer que mon père ait pu naître ici. Le plus surprenant, c'est qu'aucun de nous n'ait jusqu'alors pensé à lui proposer de revenir dans ces lieux où il a vu le jour pour la toute première fois. Cela peut paraître incongru qu'autant de temps soit passé ainsi. Lui n'avait jamais exprimé le souhait de revenir. Trop de pudeur sans doute. Pour ma part, je ne suis pas surpris. On le pensait revêtu d'une grosse carapace, mais en vérité, c'était un bon père, un bon grand-père et un bon arrière-grand-père, fier de sa petite famille, bon vivant et très humain. Il pouvait exprimer avec beaucoup de passion de grands sentiments de tendresse et d'amour.

Ses traits sont détendus, quel plaisir de le voir ainsi, le visage rayonnant et lumineux. Je veux répéter là qu'il agissait comme un gosse. Emporté par l'engouement, stimulé par l'envie de retrouver ses racines, l'empressement et la curiosité de tout redécouvrir lui font hâter le pas. Je pense que ce sont des sentiments communs à l'espèce humaine.

Ses yeux sont légèrement embués par de très petites larmes, ce ne sont que quelques petites perles sans doute dues à l'émotion qu'il a du mal à contenir. Je comprends qu'il respire et qu'il ressente des choses que lui seul peut capter. Il happe l'air comme une carpe happerait de grandes goulées d'eau. Nous le laissons reprendre tout doucement ses esprits. Le moment est magique, captivant, étonnant. Je suis subjugué de voir ainsi mon père, mon papa. Je me sens fier et heureux pour lui. Quelle chance nous avons de pouvoir partager ces moments délicieux. Et le temps se prête à la liesse.

Soudain, le voici qui accélère le pas. Il cavale presque. Il nous donne l'impression d'avoir quitté ce patelin depuis quelques années seulement. J'ai le sentiment qu'il revoit et qu'il revit des tas de choses, qu'il retrouve des repères qui étaient enfouis depuis plusieurs décennies. Il enfile une ruelle à grands pas, contourne deux maisons, puis se fige un court instant.

– C'est là, c'est là que je suis né, je reconnais parfaitement la maison. Je suis sûr de moi. Je revois bien les lieux. Je ne peux pas me tromper. C'est impossible.

Il nous montre une petite baraque guère plus grande qu'une maison de poupées. C'est vraiment tout petit, de faible hauteur, j'ai l'impression que l'on ne pourrait y vivre debout. Sur la façade avant, une petite porte permet à peine d'y passer sans se courber, et une lucarne de chaque côté permet très peu à la lumière de passer, alors que la façade arrière ne possède aucune ouverture. Malheureusement, le tout est en mauvais état. Quelques lierres grimpent le long des murs de pierres et se faufilent insidieusement sous les tuiles. Le toit est tout ondulé, comme si des vagues géantes l'avaient chahuté, la sortie de cheminée est à moitié écroulée. Il n'y a aucune végétation autour de la maison. J'ai du mal à imaginer que mon père soit né ici et qu'il ait pu vivre quelques années sous ce toit. Je le sens quelque peu dépité, légèrement bouleversé, un peu déçu. Voyant dans ses yeux une forme de questionnement, d'anxiété, je l'interroge :

– Mais papa, c'est tout petit, comment avez-vous pu vivre dans une bicoque pareille ? C'est surprenant, plus personne de nos jours ne vivrait dans une baraque semblable.

– Je sais mon fils, mais à cette époque on se contentait de peu et c'était ainsi pour de nombreux foyers. On n'avait ni eau ni électricité, ça n'existait pas en ces temps anciens, le seul point d'eau était au puits sur la petite place que tu vois juste en face. Nous n'étions qu'au début du siècle. Je te rappelle que je suis né en 1902 et qu'à cette époque, il n'y avait aucun confort, on vivait à même la terre battue. Pour faire nos besoins, nous n'avions qu'un tout petit cabanon dans la petite cour juste devant. Mes parents ont toujours été très pauvres, ça n'était pas la grande misère, mais ça y ressemblait un peu. On n'avait très peu de choses superflues comme le commun des mortels semble vouloir à tout prix de nos jours, pas de sous, aucune commodité, aucun confort. Nous vivions avec quasiment rien et je crois me souvenir qu'ils ne payaient même pas de loyer. Le propriétaire qui était très âgé demandait simplement en contrepartie que mon père lui cède quelques légumes qu'il cultivait à profusion dans son jardin. C'est vrai que ça ne ressemble plus du tout aux maisons d'aujourd'hui. Nous n'avions aucun bien-être, mais c'était comme ça et ainsi pour toutes les petites gens qui étaient comme nous à cette époque. Le confort, le luxe étaient des mots qui ne faisaient pas partie de notre vocabulaire. En ces temps anciens dans nos campagnes, il y avait les très riches qui ne travaillaient pas et les riches qui travaillaient peu. Mon exemple est bête puisque de nos jours rien n'a changé. Puis il y avait les propriétaires terriens, les commerçants, les paysans et les pauvres, comme nous. On s'en contentait comme si c'était inscrit insidieusement dans les us et les gens acceptaient. Nous avons vécu à huit dans cette masure. Mon père, ma mère, mon frère Henry, né en 1899, Julien, né en 1900, moi en 1902, puis nos sœurs jumelles Marie et Camille, en

1906, et enfin Joseph, en 1908. Autant dire que nous étions très à l'étroit dans cette malheureuse chaumière. Nos parents dormaient dans la pièce qui servait en même temps de cuisine et de salle à manger et nous, les enfants, nous dormions à côté dans la toute petite chambre sur des paillasses posées à même le sol avec pour seule ouverture la lucarne que tu as vue sur le côté gauche. L'hiver, il n'y avait pas de chauffage et les hivers étaient particulièrement rigoureux. Il y faisait si froid que nous nous serrions les uns contre les autres enfouis sous des édredons afin de nous réchauffer mutuellement. Le seul moyen de chauffer la maison était une cheminée qui fumait tellement que lorsqu'elle était allumée, il fallait laisser la porte entrouverte pour ne pas mourir asphyxié.

– Pourquoi habitiez-vous ici, tes parents étaient-ils originaires de la région pour que vous soyez nés dans ce patelin ?

– Tous les deux sont nés à deux pas d'ici en Vendée, dans deux petites communes voisines. Mon père, Jean-Baptiste, est né à Rochetrejoux en 1873 et maman, Marie-Louise, aux Châtelliers-Châteaumur en 1877. Voilà la raison pour laquelle nous habitions ici. Papa travaillait comme domestique et se gageait dans des fermes alentour alors que maman s'occupait de nous et de la maison, comme le font toutes les mamans du monde ou presque. Avec déjà six enfants à la maison, elle ne chômait pas la pauvre. Il lui fallait faire bouillir la marmite avec peu de choses et faire en sorte que nos guenilles soient toujours sans accrocs. Quand j'y pense encore, je me dis qu'ils avaient bien du courage mes deux vieux bonshommes. Lorsque l'on était enfant, on ne se rendait pas bien compte des efforts qu'il leur fallait faire, je t'assure que ça n'était pas rose tous les jours.

Je le trouve déçu, désenchanté. J'essaie de comprendre. Je ne voudrais pas que cette journée soit ternie par un mauvais pressentiment.

– Je te trouve quelque peu désabusé. Que t'arrive-t-il ? Tu n'es pas trop déçu, j'espère.

– J'aurais tant aimé retrouver cette maison ouverte, rénovée, vivante. Malheureusement, je la vois en mauvais état et quasiment à l'abandon. C'est ce qui me chagrine le plus. Mais bon, ça n'est pas une surprise, c'est ainsi, allez, passons à autre chose.

Il passe en effet et je suis soulagé qu'il réagisse de telle manière. Je le retrouve impatient de découvrir encore et encore. Le voici qui prend une autre direction. Il s'arrête, nous montre une courette entourée d'un mur d'enclos délabré, quelques pierres gisent çà et là au pied de ce qui reste du mur.

Sur le côté de cette courette se trouve une petite longère qui devait servir jadis d'habitation avec accrochée au mur une treille devenue bien envahissante avec ses sarments emplis de floraisons s'éparpillant le long de la façade. Dans son prolongement, un cellier puis la gueule d'un vieux four en piteux état donnant directement sur la cour. À la suite, une ancienne étable dont le toit a quelques soucis avec l'étanchéité, au fond de la cour, une grange dont le mur gauche commence à se lézarder. L'ensemble n'est plus habité. Peut-être même abandonné. C'est bien dommage, car l'ensemble réhabilité ferait encore un joli petit patrimoine et les beaux jours de quantité de personnes.

Je ne comprends pas les propriétaires de ces vieilles pierres qui les laissent ainsi tomber en décrépitude. Il n'est pas rare aujourd'hui qu'un bien soit à l'abandon. Cela interroge lorsque l'on sait que de nos jours, des familles ne trouvent pas à se loger. Pour ma part, je trouve que c'est un scandale. Il pourrait y avoir des obligations de rénover ou alors de céder pour de modiques sommes nos vieilles pierres pour le bonheur de familles modestes.

Chapitre 5

Que de souvenirs

Il me vient encore beaucoup de souvenirs en revoyant cette petite cour. C'était la cour de la ferme où vivaient mon oncle et ma tante. Ils étaient paysans. C'était une bien petite exploitation comme il en existait des milliers à cette époque. La tante était la petite sœur de maman. C'est le tonton originaire du village qui avait trouvé notre petite bicoque et qui avait demandé aux parents de venir habiter ici auprès d'eux.

Papa travaillait chez lui à la ferme une ou deux journées par semaine en fonction des besoins, et les autres jours, il se gageait selon les demandes et les besoins d'autres paysans. J'ai un souvenir très particulier ici dans cette cour. Quelque chose de remarquable qui ne m'avait pas laissé indifférent. Quelque chose qui peut paraître inimaginable, anodin, voire incongru de nos jours. En effet, j'avais vu mon oncle et mon père étendre puis enduire toute la cour avec de la bouse de vache.

Intrigué, je l'étais déjà à l'époque, j'avais demandé à mon oncle pourquoi répandre la bouse ainsi et à quelle fin, il m'avait répondu ceci :

– Je vais t'expliquer, c'est extrêmement simple, vois-tu, nous enduisons la cour ainsi et quand la bouse sera bien sèche, elle formera un sol relativement plat et uni qui sera très facile à balayer et nous pourrons donc battre les gerbes de blé que nous aurons pris soin de bien étaler sur le sol. Ensuite, nous les battrons au fléau avec beaucoup d'application puis nous retournerons la paille afin d'égrener au mieux les épis. Quand nous en aurons terminé, on ramassera la paille en prenant grand soin qu'il n'y ait plus de grains dans les épis afin de la mettre à l'abri dans la grange. C'est elle qui nous servira à faire la litière dans les écuries. Ensuite, après que la paille sera ramassée, il faudra balayer la cour pour récolter le grain et les balles que nous débarrasserons des poussières et autres impuretés avec la trieuse ou ce qu'on appelle plus communément « machine à venter ». Nous procéderons de la même façon avec l'orge et l'avoine. Si la récolte est bonne, alors nous pourrons bien nourrir nos animaux. Quant à la moisson de blé, il nous faudra en garder une bonne quantité pour les poules et les canards et le reste sera livré au meunier de Montourneau. Quand il en aura terminé avec la moulure, une petite partie de la farine sera pour notre usage personnel et le reste, il le revendra aux boulangers de la région. Reste qu'il nous réglera à la fin de l'année quand il aura fait ses comptes. Notre lot de farine servira à faire notre pain chaque semaine après avoir allumé le four.

Mon oncle était un homme charmant. Il était toujours prêt à expliquer clairement les choses. Il m'a beaucoup appris. Je l'aimais beaucoup. Il avait un fils, Raoul, qui était un peu plus jeune que moi.

Après le déménagement, je n'ai plus jamais revu mon cousin Raoul. Je crois malheureusement qu'il est mort très jeune.

Autant que je m'en souvienne, il y avait à la ferme quatre vaches, deux paires de bœufs, deux cochons, une dizaine de chèvres, un bouc et puis bien sûr des poules, des canards et des lapins. C'est la tante qui s'occupait de nourrir le bétail et les volailles.

Ma chère tante, il me vient un drôle de souvenir d'elle assez cocasse tout de même. Il y avait sur le côté gauche de la porte d'entrée de la maison une grosse pierre rectangulaire qui servait à l'occasion de banc ; un jour que je souffrais affreusement d'une otite de l'oreille gauche, ma tante assise sur cette pierre me coucha sur ses genoux, sortit un sein de son corsage et me fit couler quelques gouttes de son lait maternel dans l'oreille. Le remède fut efficace. À cette période, on ne voyait jamais le médecin, c'était trop cher. Heureusement, les « bonnes femmes » avaient toujours des remèdes, des tisanes, des décoctions et autres poudres de perlimpinpin pour nous soigner.

Fort de ses souvenirs très personnels, mon père reprend à nouveau sa marche en quête d'autres sensations. Il s'oriente puis scrute les façades des maisons faisant appel à sa mémoire, quand soudain il découvre une ancienne bâtisse pas trop délabrée, mais dont l'usage a bien changé. Un marronnier trône au beau milieu de la cour, des bourgeons marrons et rouges commencent à joncher le sol. Le préau sert de garage, on y aperçoit une voiture à l'intérieur.

— Ah tiens, quelle surprise, voilà à nouveau quelque chose qui me fait bien plaisir à voir, je vous présente ma première école. Je vois que le marronnier est toujours là, il a grossi, c'est vrai qu'un marronnier peut vivre trois cents ans. C'était la petite école publique du village. J'y suis venu dès l'âge de six ans, car il fallait avoir la capacité de faire ses besoins tout seul dans les cabinets au fond de la cour pour y être admis. Les instituteurs n'avaient pas d'assistante pour s'occuper des enfants qui auraient pu avoir des problèmes de fuites ou de grosse commission. Au début du siècle, il n'existait pas encore de classes maternelles. Il fallait donc être âgé de six ans minimum pour entrer en classe. C'était un couple d'instituteurs qui faisaient l'école. Il s'agissait de monsieur et madame Fautain. L'instit était assez sévère, je ne l'aimais pas beaucoup. Un jour que Henry avait cassé un carreau sans le faire exprès en jouant dans la cour avec ses copains, il lui mit une bonne torgnole. Mon frère pleurait tellement il l'avait frappé fort. Ah ça ne rigolait pas à l'époque ! Pour ma part, je me souviens qu'un jour il m'avait tiré les cheveux parce que je n'étais pas bien en rang dans la cour avant de rentrer dans la classe. Mais franchement, je garde tout de même un bon souvenir de ma première classe, on était toute une bande de copains dans cette école. Il y avait autant de filles que de garçons. Les filles étaient en classe avec madame Fautain. Nous venions tous du Peu et des deux ou trois villages alentour. Il y avait d'autres écoles dans la même commune. Mais on ne fréquentait pas les autres enfants, on ne les connaissait pas et on ne se voyait jamais.

Voilà, mon fils, tu viens de voir une partie de mon village natal. Ce sont ces quelques endroits qui restent à tout jamais gravés dans ma petite tête. J'ai pu y retrouver des souvenirs intéressants, inoubliables et surtout très agréables. Je n'étais jamais revenu au Peu depuis mes six ou sept ans. J'ai pris beaucoup de plaisir en revoyant tout ça. Certes, il y a beaucoup de changement, mais ça reste assez raisonnable. Bien, je vous ai montré là où je suis né dans cette pauvre malheureuse bicoque, vous avez vu ma première école et mon premier village dans lequel j'ai vécu une partie de ma toute petite enfance. L'idée de m'amener ici est un très beau cadeau. Vraiment. Merci du fond du cœur. Ce que je trouve extraordinaire malgré toutes ces années passées, c'est de pouvoir se rappeler ces moments si anciens et qu'ils aient la faculté de revenir en tête comme par magie. Je n'oublierai jamais cette touchante attention.

Chapitre 6

Départ pour Noirterre

Je le sens ému et à la fois tellement heureux que je m'émeus à mon tour, à deux doigts de verser ma petite larme de bonheur. Mais je lui laisse à nouveau reprendre le fil de sa passionnante histoire. Car après tout c'est son histoire. Une histoire avec un grand H.

« En 1908, nous avons déménagé. Joseph était encore tout bébé. Grâce à un cousin de mon oncle, papa venait de trouver une maison un peu plus grande à Noirterre. C'était tout du moins ce qu'il nous avait expliqué. Nous nous y sommes rendus au mois de juillet. Ce fut un déménagement mémorable. L'oncle nous avait prêté une paire de bœufs et une charrette afin d'assurer le transport. Toute la matinée fut consacrée au chargement. Un simple chargement suffisait, les parents avaient si peu de meubles que tout logeait dans la charrette. La veille, maman s'était déjà empressée de préparer les paquets de vêtements, les caisses de vaisselles et quelques bibelots sans valeur. Il ne restait plus au petit matin qu'à charger les meubles et les caisses ainsi que les trois ou quatre lapins qu'elle élevait dans son clapier. Je ne me souviens plus très bien du temps qu'il fallut pour se rendre à Noirterre, mais de toute évidence nous n'étions pas pressés. C'était pendant l'été, les journées sont longues, il faisait beau et chaud et le trajet se déroula de la meilleure manière qu'il soit. Cahin-caha, les bœufs allaient à leur train et nous suivions le convoi en jouant le long de la route, les frères, les sœurs et moi. On courait en faisant le tour de l'attelage ou bien on se cachait derrière les vieilles trognes aux bords du chemin. Aujourd'hui, les gens sont plus pressés et c'est à peine partis qu'ils voudraient déjà être arrivés alors que nous, nous étions dépendants du bon vouloir des bœufs malgré les petits coups de trique que le père leur donnait sur le cul. Je ne connaissais pas Noirterre, jamais entendu ce nom auparavant. C'était la grande aventure pour nous les six enfants. Nous allions changer de maison, de copains, d'école et, bien entendu, d'habitudes. Quand papa nous avait annoncé ça, nous n'étions pas trop emballés par son choix. Nous avions nos assuétudes, nos copains. Je crois que lorsque l'on est tout jeune enfant, on appréhende ces changements radicaux qui nous chamboulent autant dans nos habitudes que dans notre mental. La raison primordiale qui motiva notre départ du Peu et bien évidemment, aujourd'hui j'en conviens, c'est que notre maison était vraiment trop petite pour nous tous, les huit, et surtout elle était absolument insalubre. D'autre part, mon père était convaincu qu'il serait bien plus facile pour lui de se gager dans cette nouvelle contrée. Il avait entendu dire que le travail était plus prometteur à Noirterre. Je crois me souvenir qu'il déchanta par la suite.

Bref, une fois arrivés dans ce bourg, ma première impression fut que nous allions habiter dans un pays plus grand que Le Peu grâce à tous ses commerces : épiceries, boulangeries, cafés, etc. On y trouvait aussi plusieurs artisans : charron, maréchal-ferrant, coiffeur, menuisier, maçon et plein d'autres métiers. Ce monde nouveau fait d'échoppes et d'ateliers, je le découvrais. On peut vraiment dire que ce fut une belle et bonne surprise. Au Peu, il n'y avait pour ainsi dire rien. Beaucoup de gens vaquaient dans le bourg. Et puis une autre bonne découverte, ce fut de voir ma nouvelle école. Elle devait être au moins trois fois plus grande que notre bonne vieille école du Peu. C'était un grand bâtiment. Il y avait les classes des filles sur le côté droit avec le logement du directeur d'école juste au-dessus et puis les classes des garçons sur le côté gauche. École qui s'appelle désormais Jean de la Fontaine.

Quand le convoi s'était arrêté devant notre nouvelle maison, il y eut un léger moment de flottement. En effet, cette maison nous semblait effectivement plus grande, plus logeable. C'était une surprise, une bonne surprise. Finalement, je pense qu'avec le recul nous étions ravis de ce changement. Cette maison se trouvait en plein milieu du bourg face à une petite place sur laquelle un puits communal régnait sous sa margelle de pierre. Autour du puits étaient disposés trois bancs de pierre habitués aux longues pauses. Une place qui était entourée d'une rangée de tilleuls et de marronniers donnant à l'ensemble une quiétude assez ombragée. Quelques vieux assis sur les bancs palabraient en profitant de la fraîcheur estivale. Mes frères, mes sœurs et moi-même étions bouche bée, un peu interloqués. Maman avait l'air aussi impressionnée que nous. Le père ne laissait rien paraître sur son visage ou dans son attitude, trop pressé de commencer l'aménagement de notre nouvelle demeure. Le propriétaire, la soixantaine, chapeau de paille sur la tête, moustache désordonnée, nous attendait patiemment. Il remit les clés de la carrée et nous quitta en nous souhaitant un bon séjour à Noirterre. Nous commencions à mesurer le changement que cela allait nous apporter. Bien entendu, nous redoutions ce changement, mais nous fûmes rassurés, convaincus d'apprécier ce nouveau cadre de vie. Bref, voilà une nouvelle vie qui s'offrait à nous, nous étions soulagés. »

Chapitre 7

Les agapes

Je suis obligé de lui couper la parole, intarissable, il parle sans arrêt, je ne l'avais jamais connu aussi bavard. Lui qui est d'ordinaire plutôt taciturne. Le genre de type qui ne l'ouvre que si ça en vaut la peine, selon une expression qu'il emploie souvent : « *Quand t'as rien à dire, tu fermes ta gue…* »

— Eh bien, si tu le souhaites toujours, nous allons nous rendre à Noirterre sans plus tarder, l'interrompis-je. Tu n'arrêtes pas de nous parler de ce patelin, il est temps d'aller le découvrir. Il est presque une heure et nous avons faim, on doit nous attendre au restaurant.

— C'est vrai que je n'arrête pas et j'avoue avoir faim, alors rendons-nous à Noirterre. Je suis impatient de revoir ce pays qui m'a vu grandir.

Nous sommes arrivés à Noirterre après quelques minutes de route. Nous découvrons un bourg relativement bien calme en ce dimanche d'avril. J'étais un peu surpris après la description que mon père en eût fait. En effet, de tous les commerces qu'il y avait alors, il ne restait plus qu'un mécanicien, une supérette, un salon de coiffure et le café-restaurant retiré du bourg sur la route de Thouars où nous nous rendons sans plus tarder. Il fut très facile de parquer la voiture sur une place assez vaste pouvant accueillir une bonne quantité de véhicules. Une rangée d'arbres dissimulait à peine le restaurant présentant une façade agréable encourageant le client à pénétrer à l'intérieur de l'établissement.

Le menu du dimanche affiché à l'entrée est simple, appétissant et copieux. Une dame accueillante nous emmène à une table. Nous nous installons sans plus tarder. Papa tient à nous offrir l'apéritif. La serveuse qui est aussi la patronne s'approche pour prendre la commande.

Le père ne peut s'empêcher de lui raconter qu'il a habité dans ce village il y a de cela plusieurs dizaines d'années et qu'il est venu y faire en quelque sorte un « pèlerinage » selon son expression.

Il se réjouit de pouvoir lui parler de ses souvenirs d'enfance, mais aussi des moments pénibles connus pendant la Grande Guerre. Elle l'écoute d'une oreille discrète trop occupée à prendre la commande des quelques clients déjà présents. Discrètement, je me permets de glisser à l'oreille de cette charmante dame que c'est un jour exceptionnel pour mon père et que nous fêtons aujourd'hui son quatre-vingt-onzième anniversaire. Cette plaisante dame en bonne commerçante nous prie d'accepter volontiers l'apéritif pour fêter ce grand événement. Nous la remercions chaleureusement.

Elle paraît quarante ans environ, brune et cheveux courts, une paire de lunettes pendouillant au bout d'une chaîne dorée à son cou, un peu rondelette et mesurant environ un mètre soixante, vêtue d'une robe seyante noire avec un gentil tablier blanc de soubrette à la taille. Très affable, gentille, elle le félicite puis fait la bise au papa qui est très touché par cette marque d'affectuosité et de gentillesse.

Puis le voilà qui enchaîne en lui racontant ses souvenirs de jeunesse, tel un tribun s'adressant à son public. Inarrêtable, le voici mainte- nant qui raconte comment était le village à cette époque, le nombre de commerces qui malheureusement ont disparu, le curé Vatel, son école, la jeunesse qui jouait sur la place au milieu du bourg.

La pauvre dame voudrait bien l'écouter, mais elle s'excuse poliment, car elle doit s'affairer à servir d'autres clients présents dans la salle. Trois autres tables sont occupées, l'une par un couple de quadragénaires et leurs deux enfants qui parlent discrètement dans leur coin, une autre par deux couples de sexagénaires qui écoutent d'une oreille attentive et la troisième par un groupe de huit personnes totalement désintéressées.

La salle est sobrement décorée, quelques vieilles plaques publicitaires vintages promouvant le Dubonnet, le Cinzano, le Saint-Raphaël, le Byrrh et quelques autres pancartes émaillées vantant des marques d'apéritifs quasiment disparues depuis sont accrochées sur les murs. Une grande psyché dans un beau cadre en bois est installée dans un angle de la salle et une cheminée en marbre sur laquelle sont posées deux vieilles lampes à pétrole occupe l'autre angle de la salle. Le repas se passe dans la bonne humeur. Le père parle souvent de son Noirterre d'avant. Nous l'écoutons, sachant pertinemment qu'il ne faut pas lui couper la parole. Aidé par quelques verres d'un bon petit vin rouge d'Anjou, il devient inarrêtable jusqu'à parfois agacer la pauvre dame qui poliment l'écoute tout en poursuivant son service. Mais l'humeur est bonne, tant et si bien que les quatre clients mangeant à la table près de nous prennent part à la conversation.

Je le voyais heureux mon père. Heureux de faire partager ses souvenirs de jeunesse. C'était pendant la Grande Guerre. « *Comme s'il pouvait exister des Grandes Guerres* », disait-il. Et d'enchaîner : « *Toutes les guerres se ressemblent et sont terribles quant au bilan humain.* » Tout ça parce qu'une bande de politicards cornichons n'arrivaient pas à s'entendre alors que ces mêmes politicards restaient bien au chaud en envoyant au massacre toute la jeunesse de leur pays. Je retrouve le rebelle quelque peu « gauchiste » dans ses propos. Je réussis à faire changer le sens de la conversation bien que je partage totalement son point de vue. Mais je connais le militant et j'en conclus qu'il faut l'arrêter. C'était un jour de fête et nous n'étions pas là pour entamer de longs discours pouvant inciter à la polémique.

Au moment du dessert, la patronne toujours aussi aimable avait pris soin de disposer une grosse bougie avec le chiffre 91 sur le gâteau. Mon père eut un moment d'émotion compréhensible très vite oublié grâce à une grande bouffée d'air propulsé vigoureusement afin d'en éteindre la flamme.

Le repas est terminé. Un café, puis la note et nous voilà ressortis. Nous retournons au centre du bourg.

Chapitre 8

Deuxième repère

Nous voici à nouveau sur la petite place, un léger moment d'hésitation puis le voilà qui fixe attentivement une petite maison quelque peu tombée en désuétude, située sur le côté gauche de cette même place.

— C'est ici que nous sommes venus habiter, je reconnais la baraque. Impossible de l'oublier. Bon sang, c'est vrai que ce n'est guère plus grand que celle que l'on vient de voir au Peu. J'avais gardé le souvenir d'une maison légèrement plus grande. Je suis un peu déçu, car elle m'a l'air abandonnée. Décidément, toutes les baraques qui ont bercé mes premières années terminent dans un triste état.

En effet, la maison me paraît à peine plus grande que celle qu'il nous a montrée ce matin. Certes, la façade dont le crépi ne tient plus que par quelques lambeaux subsistants çà et là est un peu plus imposante. Au beau milieu, il y a une porte pleine en bois massif totalement décatie, son dernier coup de peinture doit remonter à de nombreuses années. De chaque côté, une fenêtre équipée chacune d'un vieux volet vermoulu ne tenant plus que par le semblant d'un gond tout rouillé. L'une d'entre elles n'a plus de vitre depuis bien longtemps. Cette masure doit être légèrement plus haute que celle du Peu, car j'aperçois deux petites lucarnes qui laissent deviner la présence d'un grenier à l'étage.

– Mais c'est tout petit, lui dis-je.

– Peut-être, pourtant je t'assure que nous avions la conviction que c'était plus grand que la baraque du Peu. Je ne sais pas pourquoi, probablement le fait du changement.

Je le conçois, effectivement, la maison me semble légèrement plus grande. Puis papa nous fait une description détaillée de la maison telle qu'elle était à l'intérieur. À partir de maintenant, je le laisse à nouveau parler. Plus rien ne pourra l'arrêter et il est hors de question de lui couper la parole, car ce qu'il va nous raconter maintenant est ahurissant.

– En entrant, il y avait un couloir au centre avec une porte de chaque côté. Sitôt la porte d'entrée, je revois encore toutes ces paires de sabots bien alignées et rangées sur le côté du couloir. Il y en avait de toutes les tailles. Ça me fait tout drôle d'y repenser. Chacun avait sa paire qu'il refilait à son cadet quand elle devenait trop petite. C'est papa qui les fabriquait le soir à la veillée. Il était assez doué pour ça. Puis à gauche du couloir, c'était la pièce principale qui servait de cuisine et de chambre pour nos parents. Il y avait une cheminée avec les chenets et la crémaillère puis un évier en pierre avec l'œil de bœuf au-dessus. L'autre porte donnait sur la chambre des enfants où nous dormions tous filles et garçons. Le sol de la baraque était comme toujours en terre battue. Dans le couloir, il y avait un escalier qui permettait d'aller au grenier et au fond du couloir, une porte qui donnait l'accès à une remise. Papa y avait installé les clapiers pour nos lapins et on y stockait le bois pour la cheminée. Il y avait même un cabanon qui servait de w.c. C'était déjà mieux qu'au Peu. Ce n'était pas le paradis, mais d'où nous venions, nous ne perdions pas au change. Quatre autres enfants viendront par la suite. Marcel, en 1911, puis les jumelles Juliette et Madeleine, en 1913, et enfin la petite dernière, Jeanne, en 1916. Au moment de la naissance de Jeanne, nous avons eu très peur de perdre notre mère. L'accouchement s'était très mal passé. Ce furent des journées pleines d'angoisse et d'incertitude, nous n'en menions pas large. Maman était très fatiguée. Sa grossesse l'avait énormément fatigué. Ç'a été un moment très pénible. C'était dur de voir notre maman affaiblie et souffrante, se tordant de douleur. Papa avait fait demander une voisine qui avait l'habitude d'aider les mamans à accoucher. Celle-ci remarquant l'extrême faiblesse de notre mère avait fait prévenir la sage-femme qui par chance habitait au village. Cette dernière, constatant la gravité de l'état de maman, avait demandé au père d'aller quérir le médecin, parce qu'il y avait urgence. Circonspect, mon pauvre père avait hésité parce que nous n'avions pas d'argent pour payer le docteur, mais je voyais bien qu'il était mort d'inquiétude. La sage-femme a dû insister en lui expliquant que notre maman et le bébé allaient probablement mourir si le médecin ne venait pas rapidement. Nous n'étions pas rassurés nous, les enfants, et nous craignions de perdre notre maman. Nous l'entendions hurler. J'ai vraiment cru que sa dernière heure était arrivée. C'était un tout petit bout de femme notre brave maman, rompue aux lourdes tâches, si gentille, si prévenante et si aimante envers ses enfants. Les sœurs pleuraient. Il aura fallu la bienveillance de la voisine pour calmer notre crainte et notre désarroi. Convaincu, le père m'envoya quérir le médecin. Celui-ci, voyant mon trouble et l'extrême panique qui se lisait sur mon visage, a fait fissa afin d'arriver au plus vite, malmenant sa carriole déjà attelée à sa mule qui patientait dans la cour à l'arrière de son cabinet. Grâce à son intervention qui fût longue et fastidieuse, mais combien professionnelle et rassurante, l'accouchement put se dérouler sans trop de complications. Nous, les enfants, attendions patiemment dans notre chambre. Nos petites sœurs Juliette et Madeleine pleuraient à chaudes larmes et nous, les plus grands, n'en menions pas large tout en essayant de les rassurer. Nous étions morts d'inquiétude, mais les premiers cris du bébé nous rassurèrent. Quand nous avons pu regagner la cuisine, nous avons trouvé notre maman complètement abattue, à bout de souffle, les yeux hagards. Elle gisait sur son lit, le père était affalé au bout de la table et la sage-femme tenait dans ses bras notre petite sœur. Une scène invraisemblable qui restera à jamais gravée dans ma mémoire. Il y avait de la joie, de la tristesse et beaucoup d'appréhension. Lorsque l'on est enfant, cela peut ressembler à une scène d'une extrême violence. C'est un spectacle hallucinant, tu vois ta mère gisante, ton père avec les yeux dans le vide, le bébé qui crie, le linge maculé de sang au bout du lit, le médecin et la sage-femme épuisés. Le médecin nous rassura : « C'est bon, les enfants. Je vous vois inquiets, mais c'est normal, votre maman a été très courageuse, soyez rassurés maintenant, tout va bien. Vous avez une belle petite sœur, mais il va falloir que votre maman se repose beaucoup. Il faudra qu'elle reste au lit plusieurs jours. Pour cela, il faudra que vous l'aidiez et que vous la laissiez au calme. Je compte sur vous les enfants. Il en va de la santé de votre maman et de votre petite sœur. Mais vous verrez, d'ici quelques jours tout ira bien. » Mon père reprit la parole : « Mais docteur, comment on va faire ? J'suis pas habitué à rester à la maison et à faire la cuisine. J'saurai pas m'occuper de la drôlesse. Puis je ne sais pas comment je vais pouvoir vous payer ? On n'a pas le sou. »

« Père Cousseau, rassurez-vous, vous me paierez quand vous pourrez, ce n'est pas grave ça. L'essentiel c'est que ça se soit bien passé, vous avez bien fait de me faire chercher parce qu'autrement je crains le pire, nous avons réussi à éviter la catastrophe. Par contre, il est hors de question que votre femme se lève et qu'elle travaille. Elle est beaucoup trop faible, je vais vous prescrire des décoctions qu'il faudra aller chercher à l'officine. Il faut qu'elle se soigne bien. C'est bien compris ? Je ne veux pas qu'elle se lève avant une bonne semaine, voire plus selon son état, elle a perdu beaucoup trop de sang et son état de fatigue est trop important pour qu'elle reprenne ses activités journalières. Vous devrez l'aider et vous faire aider par les plus grands. »

— Notre père était totalement désemparé, tellement peu habitué aux tâches domestiques et ménagères. Madame Leblanc, la sage-femme, le rassura et l'encouragea : « Faudra vous y faire, monsieur Cousseau, votre femme est souffrante et elle est très fatiguée. C'est repos, repos et repos. C'est très important ce que je viens de vous dire. Vous n'avez personne pour vous aider ? Une voisine, une sœur, une tante, je ne sais pas moi, mais il faut que vous laissiez votre femme se remettre. Vous la mettriez en danger si elle se levait trop tôt. »

« Ben j'vais voir avec les drôlières. Je vous promets que je vais la laisser tranquille, je n'ai pas envie que le malheur me la prenne. », répondit notre père.

« Voilà qui est raisonnable, dit le médecin. Mais je pense que les deux petites ne vous seront pas d'un grand secours, elles sont bien trop jeunes. Seules les deux plus grandes pourront vous aider. Elles sont en âge de participer à quelques tâches ménagères. Et puis je vais vous donner un bon conseil, maintenant il va falloir faire attention avec madame votre épouse. Il ne faut plus qu'elle tombe enceinte, vous avez une grande famille maintenant. Dorénavant, faites attention, prenez vos précautions, une prochaine fois serait malheureusement fatale. »

— Le père un peu rouge qu'on puisse lui faire des reproches sur sa vie de couple, opina timidement la tête baissée en regardant le bout de ses sabots. Une voisine très dévouée vint à la maison et s'occupa de tout. Heureusement, elle nourrissait elle-même son dernier né et elle se proposa d'allaiter notre petite sœur. Papa dut faire des efforts alors qu'il n'était pas du tout habitué à s'occuper de la maison et des affaires courantes. Au bout de deux semaines, notre maman allait mieux, heureusement. Petit à petit, tout redevint comme avant. Mais que nous avions eu peur ! J'étais jeune encore, je n'avais que quatorze ans et je t'assure que je n'en menais pas large. J'avais bien remarqué que maman s'affaiblissait de jour en jour et malgré cela, il lui fallait toujours assurer les travaux quotidiens et Dieu sait s'il y en avait. Nos jeunes frères et sœurs lui donnaient beaucoup de travail, même en comptant sur l'aide des deux grandes qui s'affairaient tant que faire se peut. Papa n'avait pas remarqué la grande faiblesse de notre pauvre mère, trop préoccupé à trimer chaque jour afin d'améliorer l'ordinaire si miséreux de la famille. Je ne lui en ai jamais voulu, le pauvre, il partait très tôt le matin et ne revenait qu'en toute fin de journée, fourbu. Par chance, Henry, Julien et moi étions nourris chez nos patrons, ce qui donnait un peu moins de travail et laissait un peu plus de pitance à la maison pour nos jeunes frères et sœurs. Nous étions en pleine période de guerre, les conditions de vie étaient spartiates, ce qui n'arrangeait en rien nos chiennes de vie. Fort heureusement, ce jour-là, nous avions eu la chance que le docteur ait été immédiatement disponible à son cabinet. Notre père n'avait pas été réquisitionné pour partir à la guerre pour deux raisons évidentes, on le disait trop âgé pour participer aux combats et il était le papa d'une famille nombreuse. On lui avait tout de même signifié qu'il pouvait être mis à la disposition de l'armée si celle-ci venait à manquer de bras. Nous, les gosses, nous mesurions la chance de le savoir toujours avec nous alors que ce n'était malheureusement pas le cas dans beaucoup de familles. Nous savions qu'un grand nombre d'hommes étaient partis se battre, la plupart étaient jeunes. Cela mettait dans l'embarras un grand nombre de familles parce que le travail se trouvait négligé, notamment dans les fermes, générant de nombreux problèmes dans les champs et de suivi des animaux. Malheureusement, autre que le manque de bras, la guerre tuait, blessait, invalidait, plongeant beaucoup de familles dans la douleur et la détresse. Saloperie de guerre, quand on sait aujourd'hui les centaines de milliers de victimes qu'elle fit.

Chapitre 9

La vie à la maison

Mon père n'en avait pas fini de nous raconter ses souvenirs et je lui laissais volontiers la parole, bien trop heureux de nous parler de ses moments inoubliables qui l'ont marqué à jamais. Je sais qu'il avait encore plein d'histoires à nous faire partager.

« Je voudrais revenir au quotidien dans la maison. Après une bonne quinzaine de jours, notre maman s'était bien remise de ses problèmes de santé et la vie avait pu reprendre son cours normal. Alors bien évidemment, elle s'occupait essentiellement de son bébé, mais il lui fallait consacrer encore du temps au reste de la famille. C'était une très bonne cuisinière malgré le peu de moyens que nous avions. Grâce aux nombreux légumes : navets, rutabagas, poireaux et choux récoltés dans notre jardin, aux châtaignes et aux noix glanées çà et là au début de l'automne dans les chemins et dans les bois alentour, et aux récoltes de pommes de terre et de topinambours stockés dans le cellier, il lui arrivait tout de même de garnir la marmite, quand bien même ce n'était jamais l'abondance.

Parfois, il lui arrivait de cuisiner un lapin élevé dans notre clapier ou bien alors, ce qui était plus rare, il arrivait que le père revienne avec un poulet ou un morceau de cochon donné par l'un de ses patrons appréciant ses services.

Oh, nous n'avions jamais la bedaine rebondie, il y avait des jours où la marmite était peu remplie et suffisait à peine à rassasier la nombreuse famille.

Il avait été dit que la vie serait bien plus douce à Noirterre, il fallut bien admettre que rien n'avait changé ou si peu de choses. Bien sûr, la maison offrait plus de places, les pièces étaient un peu plus grandes, mais le train-train quotidien était le même.

Papa trimait tous les jours dans les fermes alentour pour quasiment le même salaire avec des cadences infernales et cela, par tous les temps. Jamais il ne se plaignait. Heureusement, il était souvent nourri le midi. Dans les fermes, la tradition paysanne voulait que les domestiques collationnent le midi avec l'ensemble de la maisonnée. Ça permettait d'épargner un repas et ça usait bien moins les sabots en économisant un aller-retour sur les chemins pierreux.

Le pauvre homme, je le revois encore partir aux aurores à pied, chaussé de sa paire de sabots. Qu'il fasse beau, qu'il pleuve, qu'il neige ou qu'il fasse très froid. Il n'y avait pas de routes goudronnées à cette époque et les chemins n'étaient pas toujours bien carrossés, ce qui rendait encore bien plus difficile le trajet, entre nids de poule ou flaques d'eau. Il lui fallait parfois plus d'une demi-heure de marche pour se rendre à son travail. Il n'existait point d'horaires de travail ni conventions collectives, il fallait être au travail dès l'aube et repartir le soir à la nuit tombée. Le soir dès qu'il rentrait complètement fourbu, c'était une grande assiettée de soupe chaude et au lit.

Quant à nous, les plus grands, nous assurions à tour de rôle le maintien du feu dans la cheminée, puis nous donnions le foin et quelques déchets de légumes aux lapins. Nous avions à charge de retirer régulièrement la litière des cages et de la porter au jardin.

Je vais revenir un petit peu en arrière parce que c'est important pour bien comprendre comment ça se passait à cette époque. Lorsque nous sommes arrivés ici, le père avait demandé à Henry qui n'avait alors que neuf ans d'aller chercher du travail dans une ferme à quelques kilomètres. Il avait trouvé une ferme qui se situait dans un petit hameau qui s'appelait La Courtinière et les fermiers s'appelaient Bourrot. Je vois que tu me regardes avec de grands yeux, mais c'était comme ça dans toutes les familles, surtout chez les gens modestes. Les enfants à partir d'un certain âge devaient aller travailler. C'était uniquement durant les jours sans école, le jeudi, le dimanche et les vacances scolaires. Mon pauvre frère n'avait pas eu de chance, ses patrons étaient de vraies peaux de vaches avec lui. Ils ne s'appelaient pas Bourrot pour rien. Leur patronyme justifiait tout à fait leur inqualifiable attitude.

Au tout début, son travail consistait à garder les chèvres qu'il devait faire paître parmi les champs herbeux et les chemins alentour. Mais très vite, les conditions de travail se dégradèrent, on lui faisait faire des tâches bien plus ingrates pour son âge. Mon frère revenait souvent en pleurs, la faim au ventre, parce qu'au niveau de la nourriture, ça n'était pas terrible. Parfois, on lui donnait un morceau de lard salé avec un morceau de pain rassis, ce qui était luxueux par rapport à certains jours où la gamelle n'était remplie que d'un peu de soupe très claire et d'un vieux quignon de pain.

Puis ce fut au tour de Julien et moi l'année suivante. Nous avions eu plus de chance qu'Henry. Nos patrons étaient de braves gens. Quand Julien a eu ses huit ans, il est allé travailler chez les Cortilleau au village de Bon-Vallon à quelques kilomètres d'ici. Il devait faire le même travail qu'Henry. Julien m'avait précisé qu'il était bien nourri et que ses patrons étaient bienveillants avec lui.

De mon côté, à l'aube de mes sept ans, le père m'avait demandé de chercher à mon tour. Oui ça fait bien jeune, mais ça m'a tout de suite plu. C'était un travail plutôt agréable.

J'ai eu la chance d'aller travailler chez les Dubreuil. Jamais je n'oublierai ces gens-là. Ils étaient métayers à la ferme du château de La Renoncière. Je vous montrerai tout à l'heure si vous le voulez bien. Ce n'est pas bien loin d'ici. Ils avaient juste un fils qui avait sept ans de plus que moi.

Ernest qu'il s'appelait. Il était très gentil et très précautionneux avec moi. Je me souviens parfaitement bien de lui. Un grand brun avec une belle paire de bacchantes, il était gaucher, bien charpenté et avait une belle gueule. Il avait pris soin de bien m'expliquer ce que je devais faire au travail. Ce n'était pas très compliqué. Ce grand gaillard aidait ses parents depuis toujours. C'était un gars costaud et pas bête du tout. Je l'aimais bien.

Mon père nous avait dit que c'était bien de commencer à travailler jeune. Que ça allait nous apprendre pour plus tard, et qu'on ferait de bons valets chez les fermiers à l'avenir. Bien évidemment, tout ça soulageait notre mère, ça faisait « *moins de goules à nourrir* » pendant ce temps-là qu'il disait.

Nos deux sœurs, Marie et Camille, aidaient maman à diverses tâches. Ce sont elles qui devaient sortir les paillasses le matin quand il faisait soleil et les mettre à sécher dehors le long du mur alors qu'elles étaient trop humides au contact de la terre battue. Elles préparaient les légumes puis partaient chercher l'eau au puits juste en face de la maison. Elles allaient à l'école des filles sauf quand maman était trop fatiguée. Les instituteurs à cette époque n'étaient pas trop regardants. Nous étions en période de guerre et les règles avaient été un peu contournées, à juste titre.

Elles s'occupaient quand il fallait de nos petits frères et de nos petites sœurs. Nous vivions à douze dans cette bicoque, tu imagines un peu ? Ça ne serait pas possible aujourd'hui. Tous les enfants dormaient dans la chambre, il n'y avait que la petite Jeanne qui restait près de maman tant qu'elle était encore bébé.

Nous nous blottissions les uns contre les autres quand il faisait trop froid. Les matins d'hiver, il n'était pas rare de voir les vitres de la chambre totalement couvertes de givre. Je me souviens que l'on faisait des dessins sur les vitres gelées avec nos ongles, ça faisait de jolies fresques qui pouvaient parfois rester ainsi toute la journée si le froid persistait. Quand mes cadettes Marie et Camille ont commencé à devenir des jeunes filles, maman nous a séparés à l'aide d'un grand rideau qu'elle avait confectionné avec de vieux draps afin de diviser la chambre en deux. C'était pour préserver leur intimité, disait-elle. Les filles d'un côté, les garçons de l'autre. Nous avions bien remarqué les frangins et moi-même que nos deux frangines commençaient à avoir des formes agréables à regarder. Nous, les trois grands, trichions un peu et on essayait de regarder délicatement en soulevant légèrement le rideau. Nous ne pensions pas au mal en jetant furtivement un œil. Elles étaient jolies et cela suffisait à éveiller notre virilité. Je crois même qu'elles le savaient et que ça ne leur déplaisait pas du tout d'être reluquées par leurs frangins. Il n'aurait pas fallu que le vieux nous surprenne parce que là, je crois bien qu'on aurait pris une bonne raclée. De plus en plus, Marie et Camille allaient être sollicitées pour aider maman. Il y avait des jours où la pauvre femme pouvait être débordée. Je pense qu'elle gardait encore des séquelles de sa dernière maternité.

Leur institutrice venait à la maison pour reprocher ces trop longues absences. Elle comprenait malgré tout en promettant de leur donner des leçons de rattrapage afin qu'elles ne décrochent pas trop et qu'elles puissent réussir leur certificat. Nos sœurs n'étaient pas un cas unique. Dans de nombreuses autres familles, c'était ainsi. Il y avait tant à faire à la maison. Il fallait aider à la cuisine, à la lessive, et faire un peu de ménage, certes succinct, si ce n'est un coup de balai de temps en temps.

Quant à la *bughée* (terme employé dans le Poitou) ou la grande lessive, c'était deux fois l'an, une fois au printemps à Pâques et l'autre fois à la Toussaint. C'était une véritable corvée. Il leur fallait aller chercher de nombreux seaux d'eau au puits. Maman lavait le linge à l'aide de sa grande lessiveuse posée sur un trépied dans la cheminée. Elle faisait chauffer l'eau mélangée à de la cendre de bois. Elle remuait le linge à l'aide d'un battoir en bois jusqu'à ce que le linge ait suffisamment trempé et bouilli. Ensuite, elle allait au lavoir communal pour le rinçage quand il ne gelait pas. Elle y rencontrait d'autres femmes, des lavandières dont c'était le métier et ensemble, ça papotait, ça riait, ça leur faisait du bien de rigoler ensemble. En hiver, un peu moins. Les mains des lavandières étaient pleines de crevasses à force de lavages répétés. Elles lavaient le linge des notables et des riches fermiers, en toute saison.

L'eau pour se laver la figure ou faire la grande toilette du dimanche matin était stockée dans un seau en fer posé sur la pierre à évier, juste à gauche en entrant dans la cuisine. Sur le seau était posée notre coussotte en zinc qui permettait d'économiser l'eau si rare et si corvéable à aller chercher. Ah cette coussotte ! Elle en a fait parler à l'école à cause de notre patronyme. Les filles apprenaient la couture, le tricotage, la broderie ; un domaine que notre mère maîtrisait parfaitement. Ah oui, il fallait aussi filer la laine. Nous possédions un rouet que papa avait acheté d'occasion à un pépé qui avait perdu sa pauvre femme récemment. Là aussi, maman était maîtresse en la matière. Elle avait essayé de nous apprendre, mais nous, les garçons, ce n'était pas trop notre affaire, pourtant, grâce à sa dextérité, nous prenions plaisir à la regarder filer. C'était un vrai spectacle tant elle filait vite. »

Chapitre 10

L'école

« Pendant l'hiver 1917, ce fut Joseph qui tomba bien malade. Je crois bien qu'il avait attrapé la scarlatine. Il avait des maux de gorge terribles. Au début, maman le soignait par des grogs qu'elle lui faisait boire chaud avec un peu de miel mélangé à quelques gouttes d'eau-de-vie, puis elle lui mettait des ventouses sur le dos pour faire sortir la fièvre. Voyant après quelques jours que son état empirait, elle se résigna à faire appeler le médecin. Celui-ci avait piqué une grosse colère en voyant l'état de Joseph. Il analysa très bien la situation et fit le nécessaire pour soigner notre frère. Il lui fallut rester plusieurs jours au lit avant d'entamer une convalescence jusqu'à pouvoir reprendre l'école. Je n'avais jamais vu ma mère prier autant. Comme si le bon Dieu n'avait que ça à faire écouter ses jérémiades.

L'école de Noirterre était une école communale de la République. C'était des bâtiments tout neufs. Chaque commune avait été contrainte de construire des "maisons d'école", c'est ainsi qu'on appelait l'école publique. Celle-ci étant devenue, sous l'égide de Jules Ferry, laïque, gratuite et obligatoire en 1882.

Jusqu'alors, l'école était enseignée par des religieux. On l'appelait école libre. Au début, l'Église catholique n'appréciait pas trop cette nouvelle école. Il y avait souvent des querelles entre les gosses du village en fonction de l'école fréquentée. Des bagarres de potaches avec comme unique raison des histoires d'école. Mais ça se terminait par quelques injures puis on se séparait en s'invectivant et en se donnant à nouveau rendez-vous pour des jours prochains.

À la maison, ça devenait de plus en plus dur. Les enfants grandissaient et les besoins en vêtements, en nourriture, devenaient plus importants au fil des années qui passaient.

Notre pauvre père se ruinait la santé en trimant chaque jour avec des salaires variables et malheureusement toujours aussi miséreux. Pour les vêtements, maman s'en arrangeait. Avec les vêtements devenus trop petits pour les aînés, elle en confectionnait de nouveaux pour les cadets. Pour les plus grands, elle faisait de nouvelles créations à l'aide de vieilles frusques en récupérant tout ce qui était encore récupérable. J'avoue qu'elle ne se débrouillait pas si mal. Elle en profitait lors de ces occasions pour initier les filles à la couture.

Quand je repense à tout cela aujourd'hui, j'ai énormément d'admiration pour mes parents. J'entends encore le bruit des sabots de mon père quand il s'en allait très tôt le matin et bizarrement, le son de son pas n'était plus le même quand il rentrait le soir, plus lent et plus lourd. Pendant les saisons du printemps et de l'été, il ne rentrait jamais directement à la maison. Il se rendait à son jardin. Un vieux bonhomme veuf depuis bientôt neuf ans lui avait prêté son potager en échange de quelques légumes au cours de l'année. C'est une tradition à la campagne. Mon père était un excellent jardinier, il connaissait tous les légumes et les arbres qu'on peut trouver dans un potager. J'ai tout appris grâce à lui et à son expérience. Incollable sur les variétés de légumes, il savait quand il fallait planter, quand il fallait semer, tailler, greffer. Il était impressionnant de savoir et lui-même tenait ça de son père. Le mien me l'a transmis et j'ai essayé de vous le transmettre.

Durant l'hiver 1912, je me souviens très bien de cette infortune, mon vieux bonhomme très fatigué, harassé par ses longues journées de travail, a eu une forme de grippe assez virulente. Il n'a pu se rendre à son travail pendant une dizaine de jours.

Au début, il ne voulait pas faire venir le médecin. "*On n'a pas d'sous pour le payer*", disait-il. À l'aide de remèdes de bonne femme, de grogs et de ventouses, il finit par reprendre le dessus. Mais que ce fut dur… Dur de se rétablir et dur parce que l'argent manqua encore plus cruellement. Il n'y avait pas la sécurité sociale comme nous l'avons tous maintenant depuis la fin de la Deuxième Guerre mondiale. Quand on était malade, nous n'avions d'autres remèdes que de nous mettre sous la couette et attendre que la fièvre passe. Le pauvre était désespéré, car il savait pertinemment que la paye du mois ne serait pas bien grosse et que les prochains jours seraient difficiles.

En ces temps-là, je me répète et j'insiste, mais je puis t'assurer que l'assiette n'était pas toujours garnie. Ça faisait une tablée de douze quand la famille était réunie. C'est vrai que ce fut très dur, mais on s'en est toujours tiré, la misère ne nous a pas tués. Avec le recul, je dirais même que ça endurcit et que ça sert à mieux appréhender les coups durs prochains. La vie ne nous a pas épargnés comme tu verras par la suite, mais ça nous a rendus bien plus forts.

Depuis la déclaration de la guerre en 14, la vie au village avait son lot de misère et de morts. Il régnait un climat de peur, de tristesse et de deuil. La vie était rythmée par les cloches du village quand elles sonnaient le glas. Sonnerie terrible, ô combien morbide. Les gens pleuraient un proche, un ami, un voisin. C'était très dur d'apprendre qu'un papa ou le fiston de la maison avait été tué pendant les combats. On voyait de plus en plus de femmes habillées de noir, courbant l'échine, signifiant qu'un des leurs avait perdu la vie. Le plus terrible, c'était d'apprendre que des familles ne pouvaient même pas récupérer leurs défunts. Souvent en lambeaux, trop abîmés ou disparus dans d'énormes cratères creusés par les obus, certains n'ont pu être rendus à leurs proches. Il y avait beaucoup de blessés, de mutilés. La guerre était impitoyable.

Nous avions posé la question à notre instituteur : "*Pourquoi y a-t-il la guerre ?*"

Il nous avait expliqué les tenants et les aboutissants de ces terribles affrontements qui en vérité ne devaient durer que quelques jours à en croire nos dirigeants à la tête de l'État.

Il avait suffi qu'un jeune nationaliste serbe assassine le couple héritier austro-hongrois pour que l'Europe s'enflamme. Il y avait bien trop d'enjeux géopolitiques, mais là, il n'allait pas pouvoir vous en dire davantage, nous avait-il expliqué. Ç'aurait été bien trop long. Fort de ces explications, j'avais posé la question à mon père qui ne sut m'en dire davantage, lui-même dépassé par les événements. C'est vrai qu'on n'y comprenait pas grand-chose. Les nouvelles du front étaient rares et extrêmement succinctes. Je pense qu'à cette époque, trop peu de personnes avaient une TSF à la maison.

Henry a malencontreusement échoué au certificat d'études, il avait douze ou treize ans, je ne me rappelle plus très bien. Suite à cet échec, papa l'a fait embaucher définitivement chez les Bourrot. Ce n'était pas ce qui l'enchantait le plus.

Et malheureusement, ça se concrétisa ensuite par des brimades quotidiennes.

Les deux chipies d'enfants Bourrot, bien plus jeunes que lui, n'arrêtaient pas de le harceler, de le narguer en permanence, proférant régulièrement des insultes, du style : *"t'es un bouseux, tes parents sont des culs-terreux, t'es un gros nul car t'as raté ton certif, etc."* Ses horribles patrons le logeaient dans le fenil au-dessus de l'étable. Il dormait dans un vieux drap sale uniquement sur la paille. La nourriture était abjecte et on lui faisait faire des travaux bien trop pénibles pour son jeune âge. Il s'en plaignit au père. Celui-ci rétorqua tout bonnement que l'on devait obéir à ses maîtres. *"C'est souvent comme ça, lui dit-il, au début. Tu dois travailler pour gagner ton manger et les quelques sous qui te resteront de ton maigre salaire, tu les donneras à ta mère. Et arrête de te plaindre s'il te plaît, moi aussi j'ai eu de mauvais patrons quand j'ai commencé à travailler et j'étais beaucoup plus jeune, car on n'allait pas à l'école de mon temps."*

Exceptionnellement, j'ai failli dire "généreusement", ses patrons lui donnaient dix sous le dimanche matin pour la quête à l'église. C'était tout pour le moment, le pauvre en pleurait et je compatissais à son chagrin. Ses patrons étaient de véritables salopards. On n'a pas le droit de traiter un enfant comme ça. Aujourd'hui, à mon avis ça ne se produirait pas.

Le dimanche matin, nous avions l'obligation d'assister à la messe. C'était obligatoire et le jeudi matin nous étions contraints d'aller au catéchisme. L'abbé Vatel était un gentil curé même si je n'aimais pas beaucoup l'enseignement de la bible. J'étais réfractaire à ce genre de bla-bla, ne me demande pas pourquoi.

Quand j'ai eu l'âge de onze ans, j'ai dû me rendre à Bressuire pour recevoir la confirmation. Nous étions environ une quinzaine de gosses, garçons et filles, qui fréquentions les cours du catéchisme du père Vatel, à devoir nous déplacer à pied jusqu'à Notre-Dame de Bressuire pour recevoir la petite tape sur la joue délivrée par l'évêque. Il y avait bien une bonne dizaine de kilomètres pour s'y rendre. Jamais je n'avais fait autant de chemin pour prendre une gifle. Je me rappelle que tout au long de la route, ce ne fut que chants, jeux et franches rigolades, souvent les garçons cherchaient à attraper les filles par simple jeu. Nous formions une troupe d'enfants d'origines et de familles modestes. La plupart des enfants de familles riches étaient allés en voiture à cheval et deux d'entre eux avaient été conduits en automobile, ce qui était encore peu commun pour cette époque. Ces deux-là n'étaient pas fatigués du voyage. Ces vieilles voitures pétaradaient en lâchant des exhalaisons de fumées et des pets faisant retourner la tête des passants tout au long de la route. Ça nous amusait.

Un an après Henry, ce fut au tour de Julien d'aller travailler. Il avait réussi son certificat d'études. Maman l'avait félicité, papa un peu moins. Mon père était moins concerné par les choses de l'école, ce n'est pas qu'il considérait l'école comme une perte de temps, mais un garçon devait travailler dès qu'il était en âge de le faire comme ce le fut pour lui, dans sa tendre enfance. Ce qui l'intéressait, c'était de savoir qu'il y aurait une bouche en moins à nourrir à la maison et que ça ferait un peu moins de travail pour la mère. Julien était retourné chez les Cortilleau. Pas fâché, le frangin, le travail ne lui faisait pas peur et il aimait bien ses patrons. C'est donc en toute confiance et avec plaisir qu'il reprit son travail. Il connaissait bien la ferme et son intégration définitive se passa dans un bon climat. Il était bien nourri chez les Cortilleau. Il avait une bonne paillasse et ils ne lui donnaient que des tâches adaptées à son âge et à son physique. Rien à voir avec le pauvre Henry.

Pendant ce temps-là, la terrible guerre durait, nous n'étions pas bien renseignés sur ce qui se passait au front. Il se racontait n'importe quoi. Les plus pessimistes disaient que l'on n'en verrait probablement jamais la fin, d'autres, plus optimistes, pensaient le contraire, convaincus que l'armée française était la plus forte du monde et la plus expérimentée. C'était le discours employé régulièrement par nos dirigeants politiques. Tu parles !!

Les vacances scolaires d'été furent rallongées de quinze jours pour pallier le manque de main d'œuvre dans les campagnes françaises. Trop d'hommes étaient partis sur tous les fronts. Il fallait aider les familles en difficulté, surtout les femmes seules ou les personnes âgées ne pouvant faire face aux foins et aux moissons si importants pour l'avenir de leur exploitation.

Nous aurions presque pu appliquer la célèbre citation de Sully : *"labourage et pâturage sont les deux mamelles de la France"* afin d'inciter les paysans à travailler, mais dans ce cas présent il s'agissait d'une autre formule employée : *"fenaisons et moissons assureront la survie de la France."*

Alors, tous les garçons et les filles du village en âge de travailler durent aller aider partout où les besoins se faisaient ressentir. Ce n'était pas toujours dans la joie pour certains d'entre nous, mais c'était un vrai devoir qui devait s'accomplir dans l'honneur et la dignité.

Personnellement, ça ne me gênait pas, j'allais retourner chez les Dubreuil et je savais que je serais accueilli avec un vrai plaisir. Plaisir partagé bien évidemment.

L'année suivante, ce fut à mon tour de passer le certificat. J'aimais beaucoup l'école et j'ai eu la bonne surprise d'avoir de bonnes notes en mathématiques et en dictée. J'ai donc réussi brillamment l'examen. Monsieur Malmaison, notre instituteur, vint trouver les parents en leur disant que j'étais un bon élève et que ma place était d'aller au collège et non pas de retourner à la ferme.

"Il n'en est pas question, vous ne vous rendez pas compte, lui dit le père. Qui va payer ? Nous n'avons pas le moindre sou et puis il est en âge d'aller travailler comme le font ses grands frères. On ne peut pas l'envoyer faire de grandes études, même s'il a bien travaillé

à l'école, c'est à la ferme qu'il devra aller. Sinon, ben, faudra faire pareil avec les autres drôles. C'est gentil, monsieur l'instituteur, mais ça ne va pas être possible."

Rien n'y fit malgré les arguments de l'instit qui plaida ma cause.

Bien entendu, le lendemain, les parents me demandèrent de me rendre tout de suite chez les Dubreuil afin d'y récupérer ma place. Je te prie de croire qu'il y avait de la concurrence parmi les gamins. Dès qu'une bonne place était à prendre, il y avait des candidats et les Dubreuil ayant une bonne réputation, il devenait urgent de m'y rendre au plus tôt. Grâce au ciel, la place était libre et c'est avec un grand plaisir que je m'engageai chez eux comme domestique à temps plein. Je pense que c'était un plaisir partagé. Les Dubreuil m'aimaient beaucoup. J'étais un peu leur fils de substitution, Ernest étant parti au front depuis plusieurs jours. Au début, j'ai tout de suite repris mes marques. Je m'occupais essentiellement des animaux. J'aimais beaucoup ça. Mais j'avais envie d'en faire beaucoup plus. J'avais treize ans et je pensais pouvoir faire bien davantage. Le père Dubreuil dut freiner mon ardeur. Je revois encore son visage buriné par le labeur, le soleil et le froid. Il n'était pas bien grand et comme la majorité des hommes de l'époque, il avait une sacrée paire de moustaches dans laquelle on y trouvait les reliques du repas précédent. Le bonhomme était toujours vêtu d'un pantalon de velours côtelé retenu par une paire de bretelles, d'une chemise, d'une ceinture de flanelle autour de la taille et de son vieux paletot noir par-dessus.

Il me mit en garde : "*Tu vois bien que t'es pas assez costaud, patiente encore un peu. Je ne voudrais pas que tu te fasses du mal. En faisant déjà tout ce que tu entreprends avec les bêtes, tu nous apportes une aide précieuse, mon p'tit gars. T'es un bon drôle tu sais. Quand j'aurai besoin de toi pour les travaux des champs, tu viendras avec moi. Il faudra tout d'abord que je t'apprenne le boulot. Sois patient mon drôle.*" »

Chapitre 11

La famille Dubreuil

– J'aurais grand plaisir à revoir la ferme. Allons-y maintenant si vous le voulez bien, ce n'est qu'à quelques centaines de mètres d'ici. J'ai gardé un très bon souvenir du château et de cette ferme. J'y ai passé de si bons moments, reprit mon père.

Ce n'était pas très éloigné du bourg et nous voilà en peu de temps arrivés au fameux château de la Renoncière qu'il nous vantait plus tôt. Malheureusement, il semble en bien mauvais état, je dirais même à l'abandon et les bâtiments de la ferme ne sont guère mieux lotis, tous tombés en désuétude. Nous sommes, hélas, devant un tas de ruines. Ce qui reste du château ressemble à un édifice ayant subi les secousses d'un terrible tremblement de terre. Trois ou quatre pans de mur envahis par les lierres résistent encore aux turpitudes du temps.

Je trouve cela inadmissible et incompréhensible. Mon père est très déçu, mais très vite il reprend le dessus. Il nous montre où étaient la maison des Dubreuil, ou ce qu'il en reste et les quelques fragments de murs des étables et des écuries encore debout puis décide de repartir et de prendre le chemin inverse.

Je n'insiste pas, je comprends sa déconvenue. Il est vrai que quatre-vingts ans le séparaient des années où il venait y travailler. Après cette désillusion, sur le chemin du retour, il souhaite rendre hommage à cette famille dans le cimetière communal. Nous y croisons une vieille dame toute vêtue de noir, mon père l'aborde et lui demande si elle sait où est enterrée la famille Dubreuil. Celle-ci répond par l'affirmative et indique l'allée où nous allons trouver leur tombe. Nous avons trouvé le caveau familial. Celui-ci n'était plus entretenu depuis fort longtemps.

Une famille tombée définitivement dans l'oubli. Les inscriptions sur le monument sont à peine lisibles. En regardant de très près, on devine gravées une inscription et une médaille militaire en l'honneur d'Ernest. Papa s'est incliné devant la stèle puis nous sommes ressortis. Mon père reprend son récit qui va nous bouleverser.

« Ernest, leur fils, m'avait appris pas mal de choses lorsque nous étions ensemble au travail, le vieux Dubreuil avait raison de me laisser dans les mains de son fils. Ernest m'avait pris en amitié et se comportait comme un grand frère avec moi. On avait de franches rigolades parfois. Il aimait faire des blagues, mais son absence se faisait bien ressentir. Je voyais bien que je ne pouvais pas faire le travail qu'il était capable de réaliser, je n'étais pas encore assez costaud pour ça, mais j'essayais de me rendre utile du mieux que je pouvais. Madame Dubreuil me choyait comme son propre fils. Les repas étaient toujours copieux et bons et j'avais un lit confortable pour dormir. Cette femme était d'une extrême douceur, jamais un mot plus haut que l'autre. Je l'aimais beaucoup. C'était une grande femme brune, les cheveux systématiquement coiffés d'un petit chignon à l'arrière de la tête. Elle portait toujours de beaux vêtements contrairement à ma pauvre mère. Elle était une grande travailleuse. Il faut voir tout l'ouvrage qu'elle entreprenait dans la journée entre traites, lessives et cuisine. C'était aussi une excellente couturière. Quand j'avais un accroc à mon pantalon ou bien un bouton qui manquait, tout de suite elle le réparait. Et ses fromages, jamais je ne mangerai d'aussi bons fromages de chèvre. Une sacrée bonne femme, la mère Dubreuil.

Malheureusement, j'avais observé chez mes patrons une anxiété permanente. Il faut dire que leur fils Ernest était avare de nouvelles. Le courrier se faisait rare. Je comprenais leur angoisse et je la partageais. Voilà plusieurs mois qu'Ernest était parti sur le front et il n'avait jamais écrit jusqu'alors.

Puis un matin de février, Médor, le chien de la ferme s'est mis à aboyer, signalant la venue d'un étranger dans la cour. C'était le facteur juché sur son vélo qui arrivait à la ferme avec bonne humeur en sifflotant.

En effet, il portait une lettre d'Ernest. Aussitôt, le père Dubreuil l'invita à venir boire un coup, ce que ce brave facteur accepta volontiers. Rapidement, la patronne ouvrit la lettre à l'aide du couteau qu'elle avait dans les mains tremblantes, couteau dont elle se servait à ce moment-là afin d'éplucher les légumes qui serviraient à la soupe quotidienne. Elle sortit la feuille, la déplia puis me la tendit. À son corps défendant, elle ne savait pas très bien lire. Je m'empressai de lire à voix haute ce qu'Ernest avait écrit d'une belle écriture :

Mes chers parents. Je prends ce petit moment pour enfin vous donner de mes nouvelles. Ici, c'est l'enfer. J'ai été affecté au service des brancardiers. C'est un sale boulot. C'est horrible ce qui peut nous arriver. Si vous aviez sous les yeux ce que je vois tous les jours, vous en seriez malades. Tous les jours comptent leur nombre de morts et de blessés. J'ai très peur. Ça pète de partout. On est confiné dans des tranchées comme des rats. On patauge nuit et jour dans la boue. Parfois même, il nous faut ramper dans la bouillasse. Tout est humide dans les tranchées, dans les tunnels, dans ce qui nous sert de chambrée.

L'autre jour, j'ai vu un truc terrible, horrible à en dégueuler, un pauvre gars avait pris une grenade en plein dans le bide. Il a été complètement éventré suite à l'explosion, vidé de ses tripes qu'il était. Vous auriez vu ça, j'ai dégobillé tellement ce n'était pas beau à voir. Bien avant que n'arrivent les brancardiers de service, des saloperies de rats lui bouffaient déjà les tripes. Y a plein de ces cochonneries de bestioles à galoper partout. Je garderai ces images toute ma vie. Quel malheur je vous dis ! Je n'aurais jamais pensé que des hommes puissent en arriver là un jour. Qu'on puisse envoyer des jeunes de mon âge au casse-pipe comme ça est inhumain. Y a des trous partout autour de nous à cause des obus et des grenades que l'ennemi nous balance sur la gueule. J'en ai soupé de cette putain de guerre. Des pauvres gars se font déchiqueter, y a des morts, y a des blessés qu'on récupère dans de tristes états. Pourquoi ? Mais pourquoi une telle boucherie ? C'est un véritable carnage. Mes chers parents, heureusement que vous ne voyez pas ça. Je ne sais pas si je vous reverrai un jour. J'ai peur. Je n'ai toujours pas compris ce qui pousse nos dirigeants là-haut à nous envoyer au casse-pipe. L'ennemi n'est pas mieux logé que nous, eux non plus ne sont pas épargnés. Je puis vous assurer qu'ils dégustent autant que nous. On nous dit que la guerre ne va pas durer. Qu'on va la gagner. J'espère. Je vous laisse en espérant vous revoir dans les prochains jours. Prie pour moi maman. Votre fils qui vous aime et qui pense très fort à vous.

Ernest.

C'était un moment de grande émotion. Madame Dubreuil avait sorti son mouchoir pour essuyer quelques larmes. Moi-même, je n'étais pas rassuré, ce que je venais de lire me faisait peur. Le père Dubreuil en vieil homme solide cachait son trouble en regardant le bout de ses sabots. Le facteur se raclait la gorge ne sachant quoi dire prétextant qu'il devait repartir continuer sa tournée.

— Ah, mon petit, que Dieu te protège. Il va bien, Dieu merci, je suis contente. Tu entends ça papa, ton fils nous a écrit, avait dit la mère.

Le père Dubreuil lui avait répondu tout en faisant semblant de se moucher, mais c'était à coup sûr pour essuyer discrètement ses yeux.

•

— Ouais, putain de guerre, t'entends ça, facteur, ça pète de partout. Le monde est fou. Ils font chier tous ces cons au gouvernement. Ah ce n'est pas eux qui risquent d'aller patauger dans la bouillasse ! Pourvu qu'elle se termine rapidement cette putain de guerre, je ne voudrais pas que mon drôle ait des problèmes.

Et tous les jours qui suivaient étaient toujours aussi préoccupants. Une forme d'angoisse permanente ne nous quittait plus. Chaque jour qui suivait, nous redoutions une mauvaise nouvelle. A contrario, nous espérions une lettre d'Ernest donnant des nouvelles rassurantes.

La mère Dubreuil comptait les jours. Le travail, lui, n'attendait pas. Les durs travaux des champs, l'entretien et le pansage des bêtes remplissaient bien nos journées.

L'espoir de voir leur fils revenir rapidement aux prochains jours s'amenuisait. La guerre qu'on annonçait courte allait durer. Il fallait organiser les tâches d'une autre manière. Mon patron me l'avait fait comprendre en m'expliquant qu'il aurait besoin de moi pour des travaux un peu plus délicats, plus durs physiquement.

Je le rassurais, la motivation me venait jour après jour afin de ne pas le décevoir. Plusieurs semaines passèrent ainsi. Quotidiennement, la mère Dubreuil guettait le facteur. Celui-ci se faisait rare, puis un matin, Médor aboya à nouveau.

C'était ce brave facteur qui arrivait avec un grand sourire aux lèvres. Il fut accueilli avec d'infinies précautions, Madame Dubreuil se saisit de la lettre, l'ouvrit de la pointe de son couteau et me la tendit, je la lus aussitôt.

Mes chers parents,

Je prends ma plume pour vous donner de mes nouvelles. Si je ne vous ai pas écrit plus tôt c'est que j'ai dû faire deux mois de cachot parce que j'avais osé critiquer un capitaine. J'avais dit que c'était dégueulasse de faire tuer autant de jeunes comme ça, ça ne lui a pas plu. Ici, t'as même pas le droit de dire ce que tu penses. Enfin, pendant ce temps-là, j'étais à l'abri. Par contre, me voilà de nouveau à mon sale boulot. C'est toujours aussi horrible. Y a rien qui change. Rien qu'hier, j'ai dû sortir quatorze cadavres et douze blessés dans la matinée et je suis resté à l'infirmerie tout l'après-midi. Je faisais le larbin en nettoyant les blessés et en raclant le sang coagulant sur le sol. Vous vous rendez compte. Ils ont été touchés par un obus et ce n'était pas joli joli. On a ramassé ces pauvres gars à la petite cuiller tellement ils ont morflé. Ça me donne des cauchemars la nuit. J'ai toujours aussi peur. Mais quand donc est-ce que ça va s'arrêter ? On nous avait pourtant dit que la guerre ne durerait pas bien longtemps, tu parles ! Je n'en peux plus. Je suis épuisé. Et nous avons toujours cette moiteur latente, désespérante, insidieuse qui nous fait tousser, qui comprime nos guêtres, nos godillots. Ma redingote pèse quasiment cent kilos tellement elle est pleine d'humidité. Et puis toujours ce bruit étourdissant des obus qui explosent, des grenades, des tirs, des cris, je n'arrive plus à trouver le sommeil. Ils n'arrêtent pas de nous dire qu'on arrive au bout. Qu'on est en train de gagner la guerre, qu'on est les plus forts, je voudrais bien. Je n'en peux plus, je suis à bout, et le plus pénible, c'est qu'il faut fermer sa gueule. J'ai hâte de vous revoir. Je vous embrasse bien fort. Votre fils qui vous aime et qui est impatient de vous revoir.

Ernest.

PS : Maman n'oublie pas de prier pour moi.

La mère éclata en sanglots, elle hurla de douleur, elle cria son chagrin, sa peine. Son mari la prit dans ses bras pour la calmer et la consoler.

— Pleure pas, ma douce, ne pleure pas. Il va bien not' fils, c'est l'essentiel. Faut pas s'inquiéter, tu vois bien qu'il a entendu dire que ça pourrait ne plus durer bien longtemps. J'l'ai même entendu en ville l'autre jour. Il va nous revenir, notre drôle, calme-toi, ma belle. Faut pas désespérer comme ça. Faut s'accrocher, il est toujours de ce monde et c'est ce qui compte le plus. »

Chapitre 12

La Grande Guerre

« Chez nous, à la maison, tout allait à peu près bien, la guerre ne nous concernait pas directement, au sens physique, je veux dire. Papa était toujours avec nous et nous, les garçons, étions bien trop jeunes pour être appelés. C'était une époque où les nouvelles se faisaient rares. Il était très difficile d'avoir des informations sur le déroulement des combats. Peu de gens savaient.

Alors qu'aujourd'hui, on est tenu informé chaque jour par les journaux, la télé ou la radio. Je rentrais à la maison tous les samedis soir. C'était de plus en plus compliqué pour notre mère qui avait bien du mal à garnir la marmite. Beaucoup de choses manquaient dans les échoppes du village à cause des restrictions qu'entraînait la guerre. Une chance d'être à la campagne, on arrivait toujours à manger un peu grâce aux légumes du jardin et papa tendait des collets le soir à la tombée de la nuit. Le matin, dès l'aube, il s'empressait d'aller récupérer le gibier piégé pendant la nuit. Parfois un lapin, parfois un perdreau, ou rien parce que quelqu'un était passé avant lui.

Je voyais mon père de plus en plus fatigué, l'échine courbée, le pas lent, les traits tirés. Que ça devait être pénible pour lui. Le soir en rentrant, il ne tardait jamais à manger sa soupe et à aller au lit sans plus tarder.

Nous vivions une période très difficile. Le manque de main d'œuvre se faisait de plus en plus ressentir. La plupart des hommes valides en âge d'être mobilisés étaient absents, blessés sur les champs de bataille ou pire, défunts. Il fallait que la main d'œuvre apportée par les enfants permette de suppléer aux tâches les plus aisées alors que pour les travaux pénibles, il fallait des personnes plus aguerries aux durs travaux des champs. C'est pour cela que notre pauvre père se décarcassait afin de ne pas décevoir en participant activement à l'élan national. Il était courageux et volontaire. J'étais fier de lui. Quasiment toutes les exploitations étaient touchées.

Je garde de cette période un souvenir pénible. J'ai tout connu, quand la guerre a commencé, j'avais douze ans et seize quand elle s'arrêta. Ces quatre années ont été trop longues et trop dures. S'il y avait pénurie de main-d'œuvre, il y avait aussi pénurie dans les magasins. Un souvenir très personnel qui reste ancré à tout jamais fut de me rendre compte des drames que certaines familles vivaient. Un décès n'est jamais quelconque, mais un homme tué au combat est un drame épouvantable pour la famille ainsi touchée. Lorsque j'apprenais qu'un de mes camarades avait eu la douleur de perdre un parent, j'éprouvais beaucoup de compassion et de chagrin pour lui. Nous étions épargnés, mais quand ça touchait un ami, ça me bouleversait totalement.

Bien que notre père ait échappé à la mobilisation parce qu'il était trop âgé et parce qu'il était papa d'une grande famille, il a failli mourir à la tâche tellement il était épuisé par son travail. Ce qui devait arriver arriva. En septembre 1917, il lui est arrivé un grave accident. Il a pris un fort coup de pied de vache dans le bas-ventre au moment du pansage des bêtes. Je pense que c'est par manque de lucidité, car s'il n'avait pas été aussi fatigué, cela ne se serait sûrement pas passé.

Mon vieux père est resté à la maison pendant une bonne quinzaine de jours. Bien amoché, le coup fut tellement violent qu'on a cru ses derniers jours arrivés. Il avait tout le bas du ventre gonflé et bleu, bleu noir. Il souffrait. Nous avons fait venir le docteur sans demander l'avis du père. Le docteur l'a bien soigné, il lui faisait des cataplasmes avec des onguents de sa fabrication. Il lui avait fait des ponctions pour retirer le sang coagulé et le bonhomme solide, au bout de quelques jours, avait fini par reprendre le dessus.

Il est reparti sur les routes pour retourner au travail malgré les exhortations du médecin qui trouvait qu'il n'était pas prudent. J'étais d'accord avec le docteur, je trouvais mon père moins vaillant après cet accident.

Le temps de sa convalescence a été long et terrible. Il fallut que les trois aînés prennent le taureau par les cornes afin d'aider à subvenir aux besoins de la famille alors que nous travaillions chacun de notre côté. Ce ne fut pas simple, mais en y mettant tout notre cœur à tour de rôle, le cap passa, aidé par des températures clémentes et des journées encore assez longues. Mes patrons et ceux de Julien avaient été très clairvoyants et généreux en donnant du lait, des œufs, des topinambours. C'était des gens bien. Les sans-cœurs, les patrons de Henry, n'ont rien voulu savoir. Ça ne nous a pas surpris.

Eh oui, mon fils, je te raconte tout ça, tu sais, ce n'était vraiment pas pléthore pendant cette période, on en a bavé. Vraiment. J'avais beaucoup de peine pour mes parents qui se décarcassaient pour que nos plus jeunes frères et sœurs se sustentent correctement. Je savais qu'ils faisaient l'impossible. Nous appartenions à la classe des gens-sans-terre, des parias ou des culs-terreux. Difficile de se relever quand tu appartiens à cette classe-là, et nous étions nombreux dans la famille.

Heureusement, vous n'avez pas connu et vous ne connaîtrez jamais ça, du moins je l'espère pour vous.

Bon, je n'ai pas terminé. Quand il arrivait un malheur, un deuil, un accident, c'était souvent le maire qui se chargeait d'annoncer la mauvaise nouvelle à la famille. Parfois accompagné du garde champêtre. C'était pour lui une mission très difficile, redoutable, ingrate et délicate, pleine de douleurs et d'émotions. Dure mission pour l'édile chargé d'annoncer les mauvaises nouvelles, et je le comprends. »

Chapitre 13

Une triste nouvelle

« Je voudrais revenir sur un sujet abordé il y a quelques minutes. J'avais la chance de travailler chez les Dubreuil, de braves gens et une bonne maison. La mère Dubreuil redoublait d'attentions pour moi. Il lui arrivait de disputer son mari quand celui-ci me donnait des tâches trop pénibles. Je prenais la défense du père Dubreuil, un excellent homme, alors que j'avais parfois beaucoup de mal à faire ce qu'il me demandait. Surtout les charges lourdes. Mais j'avais envie de bien faire et surtout de ne pas les décevoir.

Fin décembre 1917, une autre mauvaise nouvelle allait frapper notre famille.

Ma sœur Camille est tombée gravement malade. Une espèce de maladie que seules peuvent attraper les jeunes femmes. Une maladie génitale strictement féminine dont je ne me rappelle plus le nom. Je n'avais jamais entendu ce mot-là.

Notre petite sœur souffrait atrocement du ventre. J'avais mal pour elle. Maman n'ayant aucun remède et voyant très bien qu'il ne fallait plus attendre dut faire appel à la sage-femme. Celle-ci comprenant que ce n'était pas de sa compétence fit venir le médecin. Notre docteur diagnostiqua rapidement les causes des maux de ventre de notre pauvre frangine. Il était un peu perplexe au début. Il n'osait pas affirmer son diagnostic.

Cette maladie n'était pas anodine et il était très rare que cela frappe une jeune adolescente, disait-il. Je ne me rappelle plus comment ça s'est passé par la suite. La seule chose dont je me souvienne, c'est que la sage-femme venait assez souvent à la maison pour lui prodiguer les soins. Nous avons craint le pire. Maman était dans tous ses états, malheureuse et triste de voir sa fille souffrir ainsi. Bien heureusement, après une bonne dizaine de jours, les douleurs disparurent peu à peu. J'ai appris par la suite qu'elle en avait gardé des séquelles toute sa vie.

Janvier suivant, par un jeudi matin, il faisait un temps détestable ce jour-là. Cela faisait huit jours qu'il pleuvait continuellement, une pluie glaciale qui nous engourdissait les membres. J'avais les pieds gelés dans mes sabots tellement il faisait froid et pour ne rien arranger, les chaussettes tricotées par maman que j'avais aux pieds étaient humides et glaçantes. Impossible d'oublier cette journée, je crois que je m'en rappellerai toute ma vie. J'étais à la maison chez les Dubreuil en train de « casser la croûte ». Assis au bout de la table, je mangeais des œufs au plat accompagnés de cornichons et d'une bonne tranche de pain. Ma patronne lavait quelques ustensiles de cuisine sur l'évier de pierre. Quand soudain le chien s'est mis à aboyer nous avertissant d'une visite. Une carriole entrait dans la cour de la ferme tirée par une jument dont les sabots frappaient le sol en cadence.

D'où j'étais assis, j'ai vu par la fenêtre qu'il s'agissait du maire accompagné du garde champêtre. Ce n'était pas bon signe. Ce n'était jamais bon signe quand ils se déplaçaient ainsi. Le père Dubreuil est tout de suite venu à leur rencontre en abandonnant précipitamment la fourche qu'il tenait à la main. Je n'entendais pas ce qu'ils se disaient, mais en voyant l'attitude agitée de mon patron, j'ai compris que quelque chose de grave venait d'arriver. Ma patronne qui observait par l'œil de bœuf s'est tout à coup mise à chanceler. Je me suis précipité derrière elle afin qu'elle ne tombe pas en arrière. Je l'ai soutenue sous les bras et l'ai conduite au fauteuil placé juste devant la cheminée. Elle était toute pâle, ses yeux étaient comme révulsés. Je crois qu'elle avait déjà compris le sens de cette visite impromptue. Déjà, je ressentais comme un mauvais pressentiment, j'avais peur d'apprendre une mauvaise nouvelle.

Après quelques secondes qui me semblèrent une éternité, les trois hommes sont entrés dans la maison. L'inquiétude trahissait le visage de ma patronne. Madame Dubreuil se leva puis se précipita devant les hommes. Le père Dubreuil la prit dans ses bras.

— Écoute ce que monsieur le maire a à nous dire.

Le maire très ému prit la parole. Il triturait son chapeau entre ses mains. Puis, bafouillant entre ses lèvres :

– Voilà, je n'ai pas une bien bonne nouvelle à vous annoncer. J'ai reçu ce matin un télégramme du ministère de la Guerre. Votre fils Ernest a été blessé grièvement au combat. Je n'en sais pas plus. Ils ne précisent pas la nature ni la gravité des blessures ni dans quel état il est à ce jour. Tout ce que je sais, c'est qu'il est blessé, mais surtout vivant et qu'il a été conduit dans un hôpital militaire à Bussy-le-Château dans la Marne. Nous devrons attendre pour avoir d'autres nouvelles. C'est tout ce que je peux vous dire pour le moment. Je suis bouleversé par ce genre de nouvelles. Combien cette putain de guerre emportera-t-elle de mes jeunes concitoyens ? Je suis atterré. Bon, la bonne nouvelle si je puis dire, c'est qu'il est vivant et que la guerre est désormais finie pour lui. Malheureusement, son copain Firmin Gaillard n'a pas eu la même chance que lui, hélas. Le pauvre est mort au cours de la même escarmouche. Je vais être obligé d'aller annoncer ça à sa pauvre mère et ce n'est pas ce qui m'enchante le plus. Saloperie de guerre. Vraiment, je n'aime pas ça du tout.

La mère Dubreuil était effondrée, soutenue par son mari afin qu'elle ne trébuche pas tellement éprouvée par le chagrin. Des larmes ruisselaient à grosses gouttes sur son visage. Comme peuvent le ressentir toutes les mamans, la chair de sa chair avait été touchée.

— Mon petit Ernest, mais qu'est-ce qu'ils t'ont fait ? Seigneur Jésus, venez-nous en aide, faites que mon p'tit drôle s'en sorte et qu'il guérisse vite !

— Laisse ton Jésus tranquille. Si y avait un bon Dieu et s'il faisait bien son boulot, y-aurait pas de guerres et nos gosses ne s'raient pas envoyés au casse-pipe. Putain de saloperie de guerre. Pourquoi ? Pourquoi ces connards qui nous gouvernent n'arrivent pas à s'entendre et qu'on nous foute la paix une bonne fois pour toutes ? Ah, ce n'est pas eux qui risquent d'y aller au casse-pipe, bandes de salopards. J'en ai rien à foutre moi des Allemands. Ils n'ont qu'à rester chez eux et nous chez nous et puis basta !

— Il ne faut peut-être pas s'alarmer trop tôt, dit le maire, attendons, on aura peut-être des nouvelles plus rassurantes d'ici quelques jours.

— Pas s'alarmer, pas s'alarmer, vous en avez de bonnes, mais c'est mon gamin, on en a qu'un. Le pauvre, il est peut-être tout amoché et vous dites qu'il faut pas s'alarmer. Ben si justement, ça ne va pas et ça ne va pas s'arranger tant que nous n'aurons pas des nouvelles plus rassurantes. Voyez donc sa pauvre mère, dans quel état ça la met. Y a pas de justice. Pourquoi mon Ernest ? Et pis cette putain de guerre a qu'à arrêter. La pauvre mère Gaillard va pas s'en remettre. J'la plains déjà la pauv'femme.

C'était un moment pathétique, j'en profitai pour m'esquiver. Moi aussi j'avais été très touché, à tel point que j'avais envie de chialer. Le maire acquiesça, donna une petite tape amicale sur l'épaule du père Dubreuil puis prit la maman entre ses bras et repartit annoncer la triste nouvelle à la mère Gaillard qui allait sans nul doute être extrêmement bouleversée. Firmin était son seul enfant. C'était un brave gars, je le connaissais un petit peu.

Dans les jours qui suivirent, je m'investis totalement dans mon travail, je redoublais d'efforts comme si c'était un devoir, une évidence, un credo, une mission peut-être. Je voulais absolument compenser cette mauvaise nouvelle par mon dévouement.

Je me jetais corps et âme dans le travail. Plus rien ne me rebutait. Je me sentais invulnérable. Je décuplais mes forces pour soulager un peu la peine de mes patrons. Si j'avais pu déplacer les montagnes, je pense que je l'aurais fait volontiers.

Ceux-ci s'en aperçurent, ce qui me rendit très fier. Ils étaient pleins d'attentions touchantes à mon égard. Ma patronne redoublait d'affection pour moi. Elle faisait tout pour que les repas soient dignes et compensent la fatigue quotidienne. Le père Dubreuil faisait pour le mieux afin que le travail que j'accomplissais reste dans la mesure de mes moyens, par rapport à ma morphologie. Combien j'ai pu aimer ces deux belles personnes. J'avais une énorme tendresse pour eux. Je pense que si je faisais cela, c'était aussi pour l'énorme amitié qu'il y avait entre Ernest, mon ami, mon frère en quelque sorte, et moi. Au fil des jours, l'espoir revenait, mais que l'attente était longue. Attendre. Toujours attendre et redouter en même temps la mauvaise nouvelle. »

Chapitre 14

La lettre

« Plusieurs semaines passèrent sans aucune nouvelle, puis un jour le facteur est revenu portant une lettre qui venait tout droit de l'hôpital militaire. Celui-ci savait et ne posa aucune question, mais il avait hâte de connaître le contenu de la lettre. Aussitôt, la mère Dubreuil s'était empressée de récupérer l'enveloppe. Sans plus attendre, je l'entends qui m'appelle. Je sens sa voix tremblante. J'étais dans l'étable occupé à retirer la litière des vaches. Je me précipite. Elle était à demi inconsciente, émue, ne sachant si elle devait s'assoir, redoutant le pire. Puis elle me tend la lettre et hèle son mari qui attelait la jument à la carriole au fond de la cour. Il se préparait à aller au village faire quelques achats. Elle n'avait pas ouvert l'enveloppe, m'en laissant le soin.

— Alexandre, dis-nous vite c'qu'il a écrit not'Ernest.

Je suis confus qu'elle me laisse le soin de décacheter l'enveloppe puis je lis :

Mes chers parents,

Pardonnez-moi de ne pas avoir écrit plus tôt, mais j'étais dans l'incapacité totale d'écrire le moindre mot. Aujourd'hui, je prends quand même le temps de vous écrire pour vous donner quelques nouvelles de ma pauvre carcasse ou de ce qu'il en reste. Mais bon, je ne vais pas me plaindre. Je peux vous dire qu'ici, il y en a beaucoup qui sont bien moins chanceux que moi.

Les pauvres miséreux, comme je les plains. Quelle injustice. Pourquoi ça, pourquoi nous ? Ce sont des questions que je me pose chaque jour et je n'ai toujours pas de réponse.

Vous verriez ce que j'ai devant les yeux chaque jour, quel triste spectacle, c'est horrible. Vous vous diriez que le monde est malade. Et encore, je ne vous parle que de ceux qui sont éclopés comme moi, mais encore vivants. Mon copain Firmin n'a pas eu la même chance que moi. En charpie qu'il était le pauvre, y en avait partout. Je n'ai rien pu faire pour lui. Le même jour que nous deux, il y a eu au moins une centaine de morts et plus de quatre-vingts blessés. Va peut-être falloir qu'ils arrêtent leurs conneries là-haut.

Je ne veux pas vous donner trop de détails de mon état général dans ma lettre. Mais sachez que je souffre énormément. C'est terrible de souffrir comme ça. Y a des jours où je préférerais être crevé. Je ne dors plus, je suis fatigué. Ça gueule tout le temps dans le dortoir, les pauvres gars souffrent tellement. On n'arrive pas à trouver le sommeil. On essaye de s'encourager, mais que c'est dur ! Vivement qu'on me relâche et que je rentre à la maison. Vous me manquez. La maison me manque. La ferme me manque. Pour l'instant, on soigne mes blessures, ça va mettre du temps, mais je vous tiendrai au courant. Les médecins essaient de nous rafistoler tant bien que mal, mais que c'est dur... Je vous laisse. Je vous aime. Je vous embrasse.

Votre fils qui vous aime.

Ernest.

PS : Je ne sais pas quand je reviendrai à la maison et j'ai peur de vous donner tellement de peine par la suite.

Ma patronne pleure, elle sort son mouchoir puis elle essuie ses yeux. Une grande tristesse se lit sur son visage. Comme je la plains.

— Oh, mon petit, comme ça doit être terrible. Il souffre tellement et on ne peut rien faire. Je voudrais tant qu'il soit près de moi, de nous, pour qu'on puisse s'occuper de lui. Je suis sûr qu'ils ne le soignent pas bien là-bas. Ils me l'ont à moitié tué, je déteste cette guerre, je déteste ceux qui en sont à l'origine. Seigneur Jésus, faites qu'il ne souffre pas trop.

— Mais tu dis n'importe quoi. Ça va aller, maman, ne pleure pas comme ça, tu vois bien, il dit qu'il va rentrer bientôt. Alors il faut espérer pour lui. Nous ferons tout pour bien le soigner à la maison. Et on s'occupera bien de lui. Allez, il ne faut pas se laisser aller, nous devons reprendre le travail et attendre qu'il revienne dans les jours prochains. Qu'il soit fier de nous. Ah si seulement je pouvais faire quelque chose pour calmer ses douleurs et partager sa peine. Mon p'tit gars, reviens-nous vite, va ! On s'occupera bien de toi à la maison.

J'étais ému, trop éprouvé par ce que je venais de lire. Je crois même avoir bafouillé à certains passages de la lettre. Je filai dehors. Quelques petites larmes embuaient mes yeux. Je ne sais plus si c'étaient des larmes de joie ou de tristesse ou bien les deux mélangées. Mais j'avais vraiment envie de chialer. À moitié rassuré, je le savais vivant et il allait revenir parmi nous à la ferme dans les prochains jours. J'étais heureux qu'il soit toujours en vie malgré le fait d'imaginer les terribles souffrances qu'il devait endurer. Je comprenais les mots qu'exprimaient mes deux patrons.

Chez nous, à la maison, nous vivions le train-train habituel d'une maisonnée ordinaire avec ses hauts, ses bas et ses turpitudes (hélas). Mes deux frangines étaient de plus en plus sollicitées afin d'aider notre pauvre mère. Le travail ne manquait pas avec la petite dernière. On aurait dit deux petites mamans tellement elles aimaient la petite Jeanne. Elles étaient gentilles mes frangines, elles faisaient tout pour aider notre maman. Je trouvais ça remarquable.

Toutes les deux avaient passé le certificat en 1918, mais Camille l'avait raté de peu. Le père les avait fait placer chacune dans une ferme à raison de trois jours par semaine à tour de rôle. Elles participaient aux travaux quotidiens de la maison des métayers. Il leur fallait faire la traite des chèvres et des vaches, aider à la cuisine, aller désherber dans le potager ou bien elles assuraient la garde des troupeaux à travers sentes et couverts. Dans l'ensemble, ça ne se passait pas trop mal. Aucune ne s'est plainte des tâches qu'on leur demandait. Elles étaient tombées dans de bonnes maisons. Elles étaient courageuses mes sœurs. C'était de la bonne graine, disait le père.

Avoir un travail les rendait heureuses comme s'il s'agissait d'une fin en soi, d'un aboutissement de la vie en général. Les autres jours, elles participaient activement à l'entretien de la maison et des travaux quotidiens. Ce qui permettait à maman de se reposer un peu. Il n'y avait rien d'extraordinaire à cela. C'était comme ça dans toutes les familles, les filles devaient aider aux tâches domestiques journalières afin de soulager la maman.

Elles étaient éduquées afin de devenir de bonnes épouses et de bonnes mamans. C'était ainsi en ces temps-là. Une fille devait être prête pour pouvoir fonder une famille et tenir une maison. Fort heureusement, ces choses-là ont bien changé et je trouve cela tellement normal. Alors bien évidemment, maman leur apprenait à tricoter, à broder, à coudre, à cuisiner. Elles avaient beaucoup de facilités pour apprendre. Jamais elles ne rechignaient à la tâche. Je pense que la plus douée des deux était Camille, elle se débrouillait très bien et surtout elle savait nous faire de très bons gâteaux.

Parfois, il pouvait y avoir quelques petites frictions entre les deux filles et la mère. Petites frictions justifiées, car les filles commençaient à être quelque peu coquettes, rien d'anormal à cela.

Maman avait pour habitude de récupérer et conserver tous les vieux vêtements qu'elle mettait en pièce afin de recycler tout ce qui était réutilisable avec l'intention d'en faire bon usage plus tard.

D'un vieux chandail, elle le détricotait entièrement pour ravoir la laine. Elle récupérait les boutons, les attaches, le fil de coton, rien ne se perdait. Elle conservait tout dans des boîtes métalliques. Elle s'était constitué un bon stock de matière première.

C'est ainsi que Marie et Camille se confectionnaient leurs jupes et leurs robes en récupérant des patrons sur de vieux catalogues glanés çà et là chez des amies. Toujours avec l'aide de la maman bien entendu. Le sens de la récupération était inné chez nous, comme ça devait l'être dans beaucoup de familles. Rien ne se perdait. Tout se transformait. »

Chapitre 15

Le retour d'Ernest

« Quatre mois plus tard, nous étions à la fin du mois de septembre, je crois, mon copain Ernest est enfin revenu à la maison. Il avait écrit à ses parents voilà quelques jours en leur précisant la date probable de son retour. Inutile de vous dire qu'il y avait de l'effervescence à la maison Dubreuil. Ma patronne était dans tous ses états et le père Dubreuil itou. Il fallait à tout prix que tout soit prêt pour accueillir le héros, leur héros. Et vraiment, nous avions fait le maximum pour ça. C'est tout juste s'ils n'avaient pas convoqué la fanfare locale et décoré la cour.

L'après-midi du lundi 29 septembre, je revois la scène comme si c'était hier, un vieux tacot vrombissant dans un panache de fumée est arrivé dans la cour, le chien jappait de manière joyeuse, comme s'il savait déjà qui pouvait être le passager du véhicule. C'était une ambulance de l'armée. Un tacot kaki avec une grosse croix rouge sur fond blanc de chaque côté.

À cet instant, j'ai vu l'attitude et le visage des parents Dubreuil se figer. Leurs mains étaient moites à force de les triturer. Ils étaient immobiles sur le pas de la porte, silencieux, inquiets et impatients de revoir le fils parti depuis de si longs mois.

Deux brancardiers sont sortis du véhicule en jetant un œil méfiant sur Médor puis ont contourné l'ambulance afin d'ouvrir la porte arrière. Ils ont sorti notre pauvre Ernest. Ç'a été un choc terrible. Le pauvre avait perdu une jambe et un bras. Il avait encore un pansement sur la tête. J'ai bien cru que la mère Dubreuil allait s'évanouir. Une fois ressaisie, elle s'est précipitée au-devant d'Ernest. Le vieux Dubreuil était coi, je devinais dans ses yeux un gros chagrin, une immense détresse. Il était abasourdi. Puis il s'est avancé doucement en triturant sa casquette entre ses mains. La mère Dubreuil s'est approchée de son fils, elle ne savait que dire puis elle a éclaté en sanglots.

— Mais, maman, ne pleure pas, regarde, ils m'ont fait une belle jambe en bois pour ma guibolle, ton drôle est un peu diminué, mais il est vivant. Ils m'ont pas eu les salopards. C'est vrai qu'ils m'en ont enlevé un bon bout quand même, mais je suis là. J'ai eu de la chance ce jour-là, je peux vous dire qu'il y a eu de la casse. Putain, vous ne pouvez pas vous imaginer, c'est l'horreur là-bas. Personne ne peut se rendre compte de toutes ces horreurs. Et tous mes copains qui sont partis et puis mon pauvre Firmin, mon copain, il a pas eu d'chance. En charpie qu'ils l'ont mis. C'est franchement dégueulasse de nous envoyer nous faire casser la gueule comme ça. On ne mérite pas ça, nous les jeunes. Et cette putain de guerre qui n'en finit pas. Enfin, j'ai été bien soigné. Pourtant quand les copains m'ont ramassé, au début, j'donnais pas cher de ma peau. Mais qu'est-ce que j'avais mal ! J'ai souffert. Souffert d'atroces douleurs causées par mes blessures. Mais j'ai bien plus souffert de réaliser qu'il me manquait une patte et un bras. Ça m'a fait un choc, c'est ce qui a été le plus terrible. Mais bon, je suis là et c'est ce qui compte le plus, pas entier, mais là quand même. J'ai souvent pensé à vous. À toi, maman, j'savais que ça te rendrait triste. À toi, papa, parce que j'savais que t'allait perdre ton premier *va'd'vant* (commis en patois poitevin). À toi, mon copain Alexandre, parce qu'on pourra plus faire les zigotos comme avant.

C'est une mère éplorée qui s'empresse de le rassurer en le prenant dans ses bras et en faisant attention à ne pas lui faire de mal, puis elle s'adresse à lui :

— Maman va bien s'occuper de toi, mon p'tit. Ne te tracasse pas mon drôle. Ce n'est pas ça qui va nous empêcher de t'aimer comme avant. On est là nous, hein, papa. On veut pas que tu sois malheureux à la maison.

— Mais oui, tu vas rester avec nous, dit à son tour le père, on va bien te soigner. On dira au docteur de venir te voir. T'inquiète pas, ça va bien se passer et puis y a Alexandre. Il nous a bien aidés depuis que tu es parti. Il est bien ce drôle.

On a bien fait de l'embaucher, tu sais. Ça fait un bon commis et puis il apprend vite et bien. Il tient bien de toi, mon p'tit.

Je m'approche d'Ernest et je lui prends sa main droite en la serrant très fort. Je suis troublé. Ému d'entendre ce que le vieux vient de dire et ému de retrouver mon copain. J'ai presque envie de chialer, mais je contiens mes larmes. Un homme, ça pleure, mais ça cache ses larmes. Je n'imaginais pas à que cette « putain de guerre », comme ils disent tous, pouvait faire autant de dégâts et causer tant de drames.

J'étais jeune, je ne pouvais être enrôlé dans cette effroyable tragédie qui mettait tout le nord de la France à feu et à sang, mais si j'avais eu l'âge, je me demande encore si j'aurais pu rester sur le front des combats, en voyant et en entendant tout ce carnage autour de moi. Sans être pusillanime ni trahir ma patrie, il y a un moment où on est en droit de se poser la question. Pourquoi ?

Je comprends que certains jeunes se soient mutilés afin de ne plus participer à cette boucherie ou bien alors que certains aient déserté au risque de se faire prendre, d'être jugé, condamné et fusillé. Je l'admets. Les guerres, ça ne sert à rien. Enfin, c'est mon avis. Mais je suis sûr que si l'on faisait un sondage sur la question, la plupart des jeunes Français répondraient de la même manière que moi.

Les premiers jours de convalescence se passèrent relativement bien. Le pauvre Ernest restait couché pratiquement toute la journée. Il avait parfois des douleurs atroces. Les membres manquants font encore énormément souffrir par leur absence. Il souffrait de terribles céphalées à se taper la tête contre les murs. Il nous avait caché l'amputation de trois orteils au pied restant. Vraiment, j'avais du mal à réaliser le moment où il s'est retrouvé dans cette terrible explosion. Ce doit être terrible d'avoir vu la mort d'aussi près, de se sentir diminuer, de voir ses copains à terre, gisant, morts ou blessés. Le pauvre me fit une confidence.

— J'ai des putains de maux de crâne, je ne sais pas si c'est la douleur provoquée par mes blessures ou bien si c'est le fait d'entendre encore les cris, les hurlements, le bruit des canons ou les rafales de tirs. J'ai l'impression que je les entendrai jusqu'à la fin de ma vie. Je ne souhaite à personne de souffrir comme ça, c'est bien trop cruel.

J'essayais de lui changer les idées quand j'en avais le temps. Ses parents me laissaient libre à ces moments-là. Je lui parlais du travail à la ferme, de la vie au village, des copains. Je lui disais aussi combien j'étais heureux de travailler avec ses parents, qu'ils étaient bons et généreux avec moi. J'insistais pour l'encourager, pour qu'il sache combien il comptait pour moi. Je voyais ou je voulais croire que mes propos l'aidaient dans sa reconstruction. Je comprenais fort bien la détresse psychologique dans laquelle il plongeait de temps en temps. Se rendre compte chaque jour qu'une part de lui-même avait à jamais disparu le rendait extrêmement triste.

Lui me narrait ses sinistres journées vécues au quotidien. Des journées entières à se morfondre dans les tranchées et à se poser en permanence la question : y aura-t-il un lendemain ? Des journées passées dans la crasse et dans la boue jusqu'aux genoux. La gamelle qui n'est pas toujours au top. Aucun répit ni aucune distraction pour essayer d'embellir les soirées. Cette vie était un enfer. Il reparlait du sale travail qu'il devait assurer après chaque assaut. Récupérer les blessés, les cadavres des copains. Les balles qui sifflaient aux oreilles, puis le bruit sourd des canons qui déchiraient les tympans et les gueulades des officiers qui houspillaient sans cesse leurs troupes sans ménagement.

— Je vais te dire, Alexandre, que j'ai passé là-bas les pires jours de ma vie. On peut toujours se poser la question : pourquoi tout ça ? Pour avoir perdu une patte et un bras. Me voilà devenu bon à rien, un éclopé. Un pauvre type qui va faire chier ses parents tout le restant de leur pauvre vie. Voilà ce que cette putain de guerre a fait de moi. Ah, elle est belle la mère Patrie. J'aurais presque envie de haïr la République. Pourquoi tous ces vieux cons de politicards nous sacrifient sur l'autel du sacro-saint honneur de la mère Patrie ? Ils sont peinards dans leurs bureaux, ils sont au chaud, ils mangent bien et nous on crève pendant ce temps-là.

— Mais tu es là, vivant, et c'est ce qui compte le plus pour tes parents, pour moi, pour nous tous. Je vais t'aider Ernest, t'es mon ami, t'es un frère pour moi et je ne te laisserais jamais tomber. Tout ce que tu as pu me raconter, je le partage, je le comprends. Je voudrais être un magicien afin que tu retrouves la vie d'avant, que tu retrouves tes membres manquants.

— T'es gentil, Alexandre, t'es un brave petit gars, j't'aime bien et tu le sais. Et mes parents t'aiment bien aussi. Je sais que t'as été gentil avec eux. Que si t'avais pu te couper en quatre, tu l'aurais fait. T'es un bon drôle.

Chaque jour qui passait, son moral diminuait. Il souffrait à cause de ses blessures bien entendu, mais il avait mal de ne pas pouvoir travailler à la ferme, de se sentir inutile. Il avait mal de donner de la peine à ses parents. Nous faisions tout pour l'aider, tout pour lui remettre du baume au cœur. Le médecin passait tous les deux ou trois jours pour panser ses blessures, pour surveiller ses moignons cicatrisants et douloureux et tenter de lui redonner courage et moral.

Passé une bonne quinzaine de jours, le moral revenait peu à peu. Il commençait à sortir de la maison et peut-être reprendre goût à la vie. Nous étions au printemps et il y avait de belles journées ensoleillées. Il venait clopin-clopant jucher sur ses deux béquilles et sa prothèse en bois. Je le trouvais très courageux, mon Ernest, je l'admirais.

Un jour qu'il faisait un temps superbe et qu'il était de bonne humeur, il s'est assis sur le banc de pierre posé à l'ombre du mur de l'écurie. Ça me faisait plaisir de le voir ainsi. Je détestais le voir souffrir. Je n'aimais pas l'entendre se plaindre de douleur. On avait quasiment l'impression qu'il culpabilisait d'être devenu un poids pour nous, pour la ferme. Ce jour-là ne fut pas un jour comme les autres. Il m'interpella en me priant de le rejoindre et de m'assoir une minute près de lui. J'eus l'impression de retrouver l'Ernest d'avant, un joyeux drille.

– Tiens, mon Alexandre, viens me voir mon gars, j'ai quelque chose pour toi. J'vais t'faire un beau cadeau. Voilà, j'ai décidé de te donner mes godillots. Tiens, prends. Moi j'en aurai plus l'usage avec ma patte en moins. Voilà tout ce que la guerre a fait de moi, un éclopé, un bon à rien. J'aurais mieux fait de crever avec les autres, tu sais. Prends, mon copain, mon frère que j'ai jamais eu. Ils te feront bien plus d'effet à toi qu'à moi et puis ça me fait énormément plaisir. Ils te sont peut-être encore un peu trop grands, mais avec un bout de papier journal au bout, ils feront l'affaire. Papa m'a dit que des choses bien sur toi. Tu m'as bien remplacé et ça, j'en suis fier. T'es un bon valet. Tu mérites bien que j'te donne mes croquenots. Prends, mon gars. Ils ne sont pas neufs, mais ils sont encore en bon état et pourront te faire bon usage pendant encore longtemps. Faudra pas oublier de les graisser de temps en temps.

Il me tendit sa paire de chaussures, je ne pus m'empêcher de le serrer dans mes bras en prenant bien soin de ne pas trop appuyer sur les parties de son corps encore endolories. Nous sommes restés comme cela quelques instants, les bras dans les bras, enfin dans son bras. Instants forts, rares qui se transforment en quelque chose d'encore bien plus fort que la simple amitié. Je crois que nous avons chialé dans les bras l'un de l'autre, mais ce n'était que des larmes de joie et de bonheur. Je le remerciai chaleureusement.

Ma première paire de chaussures, c'était à mes yeux le plus beau cadeau que l'on m'ait fait lors de ma chienne de vie de l'époque. Il faut bien comprendre et se replonger dans le contexte pour réaliser ce qui venait de se passer. Mes premiers godillots. Son père qui assistait à la scène vint vers nous et approuva le geste de son fils comme une sorte d'adoubement. Il s'assit près de lui et l'enlaça en prenant bien garde lui aussi, de ne pas frôler les stigmates de ses blessures. J'étais heureux, quel cadeau ! Nous qui n'avions jamais pu avoir de chaussures à la maison. Pour la première fois de ma vie, je chaussais de vrais godillots. Ils n'étaient pas neufs, mais je puis t'assurer que j'étais très fier. J'avais des chaussures aux pieds.

Lorsque je suis retourné à la maison chez nous, chaussé ainsi, j'étais plutôt d'humeur joviale. Les parents ont été surpris, m'interrogeant du regard. Ne voulant pas semer le doute, je me suis tout de suite expliqué :

– C'est Ernest qui m'a donné ses chaussures. Il me les a offertes hier. Elles sont peut-être encore un peu trop grandes, mais je m'en fiche. Comment vous les trouvez ?

Il n'était nul besoin de leur expliquer la raison pour laquelle il m'avait fait ce cadeau. Ils étaient surpris, mais heureux du geste. À leurs yeux, c'était un présent inestimable. J'étais le premier de la famille à chausser des chaussures en cuir avec des lacets. J'espérais simplement que mes frères ne soient pas jaloux. On s'aimait trop pour qu'il y ait la moindre brouille entre nous et tout en les admirant, ils me félicitèrent. Mon père me dit ces quelques mots simples, mais tellement gentils.

– Tu remercieras bien fort Ernest de ma part. C'est un bon gars. Tu lui diras aussi qu'on pense tous les jours à lui et qu'on est triste pour lui. Que c'est injuste ! Tu lui diras hein, mon fils.

J'acquiesçai. »

Chapitre 16

La fin de la guerre

« Novembre 1918 arriva et la fin de la guerre fut proclamée partout dans nos campagnes et dans les villes. Les cloches du village sonnaient à rompre les tympans. L'armistice était signé. Vous ne pouvez pas imaginer le soulagement que chacun ressentit. Malheureusement, la joie et la bonne humeur n'étaient pas forcément de mise dans toutes les maisons.

Dans beaucoup de foyers, un malheur était arrivé. Trop de morts et de blessés. Même s'il n'y en avait eu qu'un seul, cela aurait été de trop. De là, une fois de plus, la stupidité des guerres. J'avais seize ans et demi, mais je comprenais l'immense chagrin que pouvaient ressentir certaines familles.

La nôtre avait été préservée, ce n'était pas le cas de tout le monde, hélas. Je crois me souvenir qu'il y avait eu à peu près une trentaine de morts dans la commune, ce qui était énorme pour un petit patelin comme celui-ci. Quant aux blessés, je ne n'en ai aucun souvenir. Je sais simplement qu'ils étaient bien trop nombreux.

Ce fut une période pénible et pleine de choses pas belles du tout, selon la citation de Voltaire : "*Le malheur des uns fait le bonheur des autres.*"

En effet, plusieurs femmes se retrouvaient seules à la fin de la guerre. La plupart étaient paysannes et se retrouvaient ainsi dans de grandes difficultés, le mari n'étant plus là. Jusqu'alors, elles avaient fait face et fort bien assuré le travail à la ferme en faisant le minimum, certes, mais elles avaient protégé la pérennité de leur petite entreprise.

Comme leur homme n'était pas revenu, elles avaient été sollicitées par des espèces de gens malhonnêtes, des "requins" prêts à tout pour les spolier. En effet, comprenant qu'elles ne s'en sortiraient pas seules, ces mêmes "requins" leur conseillèrent de vendre leurs lopins de terre afin de se constituer un petit pécule qui servirait à connaître des jours meilleurs. La plupart de ces pauvres femmes furent leurrées par ces "gros manitous" qui étaient déjà de riches propriétaires, avides de tout et surtout profitant de l'aubaine, qui proposèrent des sommes bien en deçà du prix que pouvaient valoir leurs petites exploitations.

Après chaque guerre, on notera qu'il existe toujours une catégorie de malhonnêtes gens qui profitent du malheur des uns pour s'enrichir un peu plus en grugeant les plus vulnérables. Ils profitent d'un système totalement pernicieux accablant les plus pauvres.

Il y avait une forme d'injustice, car la plupart de ces pauvres femmes dépouillées n'avaient plus que leurs yeux pour pleurer. Ce qui est totalement scandaleux. Et dire que cela perdure encore de nos jours. C'est ignominieux.

Peu après la guerre, l'abbé Vatel, le curé du village décida d'ériger un monument aux morts afin de ne pas oublier le sacrifice des pauvres gars morts pour la France et pour qu'ils soient honorés chaque année.

Il avait eu une idée un peu saugrenue, mais il avait su convaincre les autorités locales du bien-fondé de son projet, et sous son impulsion, tout le monde avait contribué à ce projet fou.

Il avait eu en tête de faire un monument de taille imposante. Le curé avait demandé à nous les jeunes d'aller glaner de vieilles meules dans les villages alentour, ces grosses meules en granit qui servaient jadis à écraser le grain ou les épices.

Pour cela, j'avais fait équipe avec mon copain Aristide Fémelon. Nous avions le même âge. Nous étions donc partis sur les chemins à la recherche du précieux trésor. On prenait tout notre temps. Nous partions tous les dimanches après-midi. C'était notre seule distraction de la semaine et c'était pour une bonne cause. Nous étions munis chacun de notre *tire-chails* (lance-pierres) et au cours de nos pérégrinations, nous remontions les chemins en nous faufilant le long des haies et nous essayions de tirer sur les grives ou les merles perchés dans les haies. On ratait souvent notre cible. Il ne nous était pas interdit de grimper aux arbres et bien souvent on se hissait à la cime d'un châtaignier ou d'un chêne lorsqu'on y voyait un nid d'*ageasses* (pies) ou de *groles* (corbeaux). Il fallait bien prendre garde de ne pas faire d'accrocs à nos culottes, sinon c'était une bonne engueulade en rentrant à la maison.

Ce genre d'acrobaties est totalement déconseillé de nos jours. C'est trop dangereux, c'est stupide et ça ne sert à rien. Au détour d'un chemin, on croisait parfois une jeune bergère assise sur son tabouret, tricotant ou faisant du crochet, veillant sur son troupeau de chèvres en compagnie de son chien. Nous étions de jeunes gars et la vue d'une jeune fille nous émoustillait un petit peu. Alors on faisait les beaux, on bombait le torse, on approchait, on se redressait. Aujourd'hui, vous appelez ça plus communément la drague.

Nous ne faisions rien de mal, on essayait tout simplement de blaguer et de récupérer parfois un petit baiser sur la joue. Il n'y avait rien de méchant à cela et la plupart des jeunes filles étaient consentantes, trop heureuses que des garçons s'intéressent à elles et leur face un petit brin de cour à la croisée des chemins. C'était de petits moments agréables et nous repartions le cœur léger, avec la joie de vivre.

Nous nous connaissions tous dans nos petits villages. Malheureusement, il nous arrivait parfois de croiser sur notre chemin une jeune bergère toute vêtue de noir. La couleur du deuil. On la saluait discrètement, mais on ne s'arrêtait pas. Respect. Il était très probable qu'elle ait perdu un membre de sa famille dans cette effroyable tragédie. Il était hors de question de manquer d'égard envers ces jeunes demoiselles. Notre éducation ne le permettait pas.

Après plusieurs dimanches, chacun de nous avait réussi à récolter suffisamment d'adresses dans nos campagnes pour que les adultes puissent aller récupérer ces vieilles meules qui ne servaient plus depuis longtemps. Certains propriétaires ne voulaient pas coopérer. On peut penser qu'ils étaient anti-républicains ou anticléricaux.

L'abbé Vatel avait su mobiliser un grand nombre de volontaires pour l'aider. Il avait su convaincre de la pertinence à ériger un monument grandiose afin de pouvoir honorer la mémoire des soldats morts pour la Mère Patrie. Les habitants de la commune ainsi que des communes voisines, sous l'impulsion de Monsieur le Maire, collectèrent une somme d'argent assez conséquente, ce qui permit à l'abbé d'entreprendre son monument.

Il avait su également persuader Georges Clemenceau afin de récupérer d'anciens canons. Je ne sais par quel stratagème il y arriva, mais le résultat fut concluant.

Ce dernier intervint auprès du commandant du camp de Châlons-sur-Marne et ce sont deux canons qui furent livrés à la commune. Ces armes d'origine russe avaient été prises à l'armée russe par les Allemands qui les avaient utilisées contre l'armée française en Champagne. Ces mêmes Allemands les abandonnèrent aux Français après l'armistice. Le commandant du camp livra en même temps six obus désamorcés. C'est ainsi que notre abbé, aidé par de nombreux volontaires, érigeât une stèle monumentale. Mais on va y avancer, j'ai hâte de voir ça et ça me permettra de voir son œuvre à laquelle j'ai modestement contribué. Ce sera la première fois que je la verrai, car nous sommes partis de Noirterre avant qu'elle soit terminée. »

Nous voici donc partis en direction de ce monument si important à ses yeux. Nous y sommes, il est bâti le long de la route de Thouars. Important est un euphémisme. Devant nous se dresse un titan de rocaille absolument colossal sur lequel veille une statue de la vierge perchée sur une colonne. Les deux canons sont bien là, les obus trônent au-dessus des plaques de marbre sur lesquelles sont gravés les noms des soldats morts pour la France. Deux allées permettent d'en faire le tour. Sur une surface d'environ six cents mètres carrés plantés d'arbustes et de cèdres se dresse l'œuvre. On est frappé par la quiétude du lieu qui force au respect de la Mémoire et puis aussi au courage et à l'abnégation qu'il aura fallu pour obtenir un tel résultat. L'ensemble incite à la déférence pour ces lieux qui symbolisent le courage de ces héros morts pour la patrie et de la persévérance qu'il fallut à l'abbé et aux bénévoles pour mener à bien la réalisation de cet ensemble majestueux. Mon père est circonspect. Il y a de quoi.

— Les bras m'en tombent, sachez que c'est la toute première fois que je vois ce monument. C'est quand même une œuvre impressionnante. Bien entendu, je l'avais vu en photo ou à la télé, mais jamais en vrai. C'est absolument pharaonique. Quelle audace et quel courage avait notre bon vieux curé ! Je suis fier d'y avoir humblement contribué. Je n'imaginais absolument pas la taille qu'aurait son œuvre alors qu'il avait fait part de son projet à l'ensemble de la population. Je savais que ce serait grand, mais à ce point, non. Je sais qu'il a dû bâtir méthodiquement ce monument au gré des mois et des années. J'ai appris bien plus tard qu'il l'avait achevé en 1921. Il lui aura fallu plus de deux ans pour le terminer. Chapeau, monsieur le curé !

J'acquiesce en effet. On ne peut que confirmer. Il lui aura fallu beaucoup de courage et de persévérance pour arriver à ses fins.

– Je suis stupéfait, me dit-il encore. Je vois se dresser ce géant, ce colosse de pierre et de fonte. C'est absolument fabuleux. Ça n'est pas commun. Il ne doit guère y en avoir de semblables en France.

J'approuve son apologue.

Chapitre 17

Le grand départ

Je laisse à nouveau mon père reprendre sa narration parce que je le sens prolixe et désireux de poursuivre le récit de ses aventures à tout prix. Nous ne sommes pas pressés. Il n'est que seize heures.

« Comme je vous l'ai dit il y a quelques instants, nous sommes ensuite partis de Noirterre en 1919 ou en 20 pour aller habiter dans la commune de Saint-Sauvant dont j'ignorais jusqu'alors l'existence. Nous avons eu beaucoup de mal à accepter cette nouvelle, ce qui augurait d'un changement tout de même radical. Pour nous les aînés qui avions un travail, il allait falloir le quitter. Pour Julien et moi, ce fut un véritable déchirement de même que pour nos patrons. Nous avions la chance d'être embauchés dans de bonnes maisons et nous craignions de ne pas retrouver la même chose en partant aussi loin. Personnellement, j'allais abandonner Ernest avec qui j'avais construit de vrais liens de profonde et belle amitié. J'avais réussi à lui redonner goût à la vie. Sa convalescence se déroulait assez bien. Il y avait des hauts et des bas, mais la tendance allait vers le mieux. Le médecin venait régulièrement le visiter. Ses plaies étaient toutes bien cicatrisées et le moral revenait comme aux plus beaux jours. Il supportait de mieux en mieux son handicap, mais ce ne fut pas aisé. On peut le comprendre.

J'abandonnais ses parents, deux personnes d'une grande bonté toujours prêtes à m'être agréable alors que je n'étais que leur simple domestique. C'était un mot qu'ils n'employaient jamais, préférant le terme de « valet », plus couramment utilisé dans le Poitou. Madame Dubreuil m'avait serré très fort dans ses bras, elle cachait à peine son émotion. Je crus apercevoir quelques petites larmes perler sur son visage. Le père Dubreuil, en bon patriarche, était très ému de me voir partir. En me donnant l'accolade, il glissa un petit billet dans ma poche. "On te regrette déjà mon Alexandre, t'étais un bon drôle", me dit-il. J'étais infiniment triste de les abandonner, mais ce qui me fit le plus de mal, ce sont les larmes d'Ernest. J'avais le sentiment de lui couper la seule jambe qui lui restait. Jamais je ne l'oublierai. J'ai malheureusement appris bien plus tard qu'il n'avait pas supporté son handicap et qu'il s'était suicidé d'un coup de fusil. Il ne supportait plus la douleur, les cauchemars et les insomnies. Son père est décédé pas longtemps après des suites d'une longue maladie et la pauvre mère s'est laissée mourir de chagrin quelques mois plus tard. Triste destin.

Pour nos jeunes frères et sœurs qui fréquentaient encore l'école, cela ne fut guère plus facile, regrettant déjà les copains de classe. Mais ça, c'est normal, quand on est enfant on pense toujours qu'on ne retrouvera plus les mêmes copains. Henry était bien trop heureux de ce changement, il n'hésita pas une seconde à donner sa démission. Quant aux jumelles, elles n'eurent aucun regret non plus. Je pense qu'elles étaient résignées. Peut-être que Camille eut plus de mal, je la soupçonnais d'avoir un petit béguin avec un garçon du village.

Vers la fin août, si ma mémoire ne me fait pas défaut, nous avons entrepris notre migration, synonyme d'une nouvelle et grande aventure. Partir si loin (à cette époque, c'était comme si on partait au bout du monde) dans une contrée que nous ne connaissions pas ne nous enchantait pas vraiment. Les parents se justifièrent en nous expliquant la raison pour laquelle nous devions partir.

Nous n'avions aucune famille ni attache à Saint-Sauvant, c'est pour cela que nous avions du mal à comprendre leur choix. Ils nous expliquèrent qu'on offrait un nouveau travail à papa. Un nouveau travail plus intéressant et mieux payé. Qu'on leur avait trouvé une vraie maison, plus grande, avec un grand jardin et des dépendances. Que notre vie allait radicalement changer en mieux. Sans nous avoir réellement convaincus, nous dûmes nous plier aux choix de nos parents qui s'avérèrent bien plus tard relativement plus intéressants que ce que nous avions connu jusqu'à présent.

C'était monsieur Duvernay, l'un des patrons de mon père, un des gros fermiers de la commune, qui lui avait trouvé ce travail. Le beau-frère de celui-ci était à la recherche d'un bon domestique afin de remplacer son ouvrier trop vieux et malade. Son fils était parti faire son service militaire et leur unique fille était encore à l'école. Il lui fallait donc un bon valet et mon père correspondait en tous points aux souhaits du beau-frère. L'offre était assez alléchante et mon père avait accepté. Il est vrai qu'il y trouvait de sérieux avantages. Être mieux payé et n'avoir qu'un seul patron justifiaient ce changement radical. Une fois la date convenue, il fallut organiser le déménagement qui allait d'ores et déjà s'avérer assez compliqué. Et quand je dis compliqué, c'est un euphémisme. Monsieur Duvernay avait confié à mon père un attelage constitué d'une paire de bœufs et d'une charrette suffisamment grande pour entreprendre le chargement des meubles et des affaires de la maison. La charrette et les bœufs seraient récupérés par le beau-frère qui en ferait usage par la suite selon les accords passés entre eux.

Nous voilà donc encore en plein chambardement après ces douces années d'enfance insouciante passée, ici, à Noirterre. Avant de tout préparer, il fallut s'assurer que le temps serait au beau fixe. Il était hors de question d'entreprendre le déménagement si le temps devait être incertain. Satisfait d'une météo clémente, l'organisation se mit en place. Il fallut tout préparer : les caisses de vaisselles, les caisses de linges, ainsi que les chaudrons, les lessiveuses et *tutti quanti*...

La veille du départ, on chargea méthodiquement tous les meubles, la cage aux lapins, les outils de jardin et une gerbe de foin afin de ravitailler notre attelage en cours de route. Seules les paillasses seraient à charger à l'aube après notre dernière nuit de sommeil à Noirterre. Tôt, vers cinq heures, les parents sonnèrent le branle-bas. On s'assura que le chargement était bien arrimé, que tout allait bien et le convoi se mit en route. Le réveil fut assez compliqué pour nos jeunes frères et sœurs qui avaient encore besoin de sommeil, ils étaient peu habitués à se lever tôt.

Ce que je n'avais pas bien saisi et c'est la question que je posai à mon père, c'était le choix de rejoindre la gare de Parthenay alors que celle de Bressuire était plus proche. Le père m'expliqua qu'il avait pris cette décision par simple souci d'économie. En effet, le trajet coûtait bien moins cher nonobstant la distance bien plus longue à parcourir à pied. C'était quelques francs d'économisés. Il n'y a pas de petites économies, me disait-il. La raison l'emporta même si nous mîmes bien plus de temps pour rallier Parthenay. En effet, il nous fallut environ six heures de marche pour arriver à la gare. Les bœufs allaient à leur train, c'était un attelage robuste, très sûr, mais lent. Tout le long du trajet, mes frères, mes sœurs et moi jouions pour occuper notre temps. Nous courions autour de la charrette en essayant de nous attraper. On chantait à tue-tête pour passer le temps. On jouait à cache-cache en se planquant derrière une *palisse* (haie) ou un *têtard* (arbre élagué). Les petits étaient restés sur la charrette avec notre mère et le père conduisait son attelage en tapotant de temps en temps le cul des bœufs à l'aide d'une *trique* afin de leur donner un peu plus de nerfs. Il est vrai qu'il connaissait parfaitement son attelage. Il les faisait travailler depuis plusieurs années à la ferme. Il y avait une forme de complicité entre eux et docilement ils avançaient à leur train régulier. À mi-chemin, nous fîmes une pause afin de reposer les bœufs et que nous-mêmes puissions aussi récupérer et nous restaurer un peu. Maman avait prévu le panier à cet effet. Après nos agapes matinales, nous reprîmes la route cahin-caha.

Arrivés à la gare de Parthenay, une épreuve totalement inattendue nous attendait et pas la moindre. Heureusement que les chauffeurs de trains prenaient tout leur temps en ces temps-là, pas obnubilés par le chronomètre. La vie ne filait pas comme de nos jours. Il serait impossible d'organiser un tel convoi aujourd'hui, les trains et leurs usagers sont bien trop pressés. En effet, de toute évidence, les bœufs n'avaient jamais pris le train, ce qui se comprend aisément. Nous n'étions pas mieux aguerris non plus. C'est indéniable. Il aura fallu beaucoup de patience pour faire grimper les bêtes sur le plateau du convoi ferroviaire. Elles rechignaient, leurs yeux étaient grands ouverts, apeurés, hagards. Quand l'une faisait l'effort de grimper, c'est l'autre qui reculait. Ce n'était pas aisé de faire monter de concert une paire de bœufs réunis par leur joug. À coups de trique, de cris et de *poussades* au cul, les deux bœufs finirent par grimper, mais que ce fut fastidieux et que de patience il fallut ! Quand les bêtes et la charrette furent bien en place, les employés du chemin de fer bloquèrent les roues de la charrette et attachèrent solidement les bœufs à un anneau fixé au plancher à cet effet.

Quant à nous, il nous fallut moins de temps pour grimper dans l'un des deux wagons. Bien sagement, assis sur des tape-culs en bois, nous embarquions pour la première fois de notre vie dans un engin motorisé qui allait nous conduire vers notre prochaine destination : Saint-Maixent-l'École. Quelle aventure !

Notre voyage se déroula tranquillement, lentement, cahotant et sûrement. J'avais le nez collé à la fenêtre et je regardais avidement le paysage se dérouler devant mes yeux qui n'en perdaient pas une miette. J'étais impressionné de voir défiler les villages que nous traversions, les arbres et les forêts qui me donnaient l'impression de m'engouffrer dans une forme de tunnel dans lequel le train s'enfonçait inexorablement. De temps en temps, on apercevait un troupeau de vaches, parfois accompagnées de quelques chevaux ou d'un bourriquot du Poitou, paissant paisiblement dans les verts pâturages du bocage deux-sévriens. Je m'étais permis d'ouvrir une fenêtre afin de mettre le nez dehors. J'admirais l'immense panache de fumée qui s'échappait de la locomotive, se dissipant en volutes blanc et gris dans l'atmosphère. Le grincement des planches et le claquement perpétuel des roues métalliques sur les rails rendaient le voyage bruyant et brinquebalant.

Curieusement, nous étions enchantés de vivre cette aventure unique, totalement novatrice. L'attitude de mes parents semblait davantage marquée par l'appréhension et le stress. Leur regard trahissait leur inquiétude probablement due au contrecoup du déménagement, à l'incertitude du lendemain et aux bruits incessants, obnubilant, qu'il y avait dans la voiture. Alors que mes frères, mes sœurs et moi-même avions déjà la tête ailleurs, comme si cette aventure nous menait vers la Terre promise.

Après une demi-heure de trajet, nous arrivâmes à Saint-Maixent-l'École, notre première étape. La gare semblait aussi importante que celle de Parthenay avec tout son enchevêtrement de rails laissant imaginer une multitude de destinations menant vers d'autres terres promises. Quand le chenillard fut enfin arrêté, nous fûmes très heureux de marquer une pause. Nos fesses étaient endolories, meurtries par la dureté des bancs en bois, mais soulagées de pouvoir se reposer quelques instants.

C'était une nouvelle ville encore inconnue que je découvrais. Une cité militaire célèbre pour son école d'infanterie fondée en 1880. On devinait une ville riche et prospère par ses belles façades, ses belles demeures et toutes ses échoppes fleurissantes. Nous n'eûmes pas le temps de visiter la ville. Trop préoccupés par la prochaine étape. Lorsqu'il fallut faire redescendre notre convoi, ce fut tout aussi malaisé que lors de l'embarquement. Les bœufs rechignaient à descendre. Il aura fallu encore user de triques, de patience et de bonne volonté pour faire descendre notre attelage. Leur stress était compréhensible. Il suffisait d'observer leur regard pour comprendre que les pauvres bêtes venaient de connaître et de faire une expédition inhabituelle et totalement inopportune qui resterait, je pense, à tout jamais gravée dans leur ciboulot. Pendant la courte pause, notre père leur avait donné le peu du foin qui nous restait afin de restituer leurs forces, puis elles s'étaient désaltérées dans un grand baquet d'eau qu'un agent des chemins de fer bien intentionné leur avait mis à disposition sur le quai. Les pauvres bêtes n'eurent guère eu le temps d'apprécier cette pause. Nous dûmes les faire monter dans un second train. C'était un petit tortillard qui desservait les modestes gares de campagne en direction du sud du département. L'attitude de notre attelage rechignant à monter une nouvelle fois sur la plateforme accrochée à l'arrière du convoi de voyageurs nous causa quelques minutes d'agacement, nous obligeant à martyriser quelque peu leur cul à coup de claques et de bâton. Mais grâce à l'habitude peut-être, elles montèrent plus facilement sur le plateau.

Voici donc que nous étions embarqués en direction du petit village de Chey, un peu plus au sud de Saint-Maixent. Pourquoi descendre à Chey ? Le seul argument que me donna mon père était le même qu'à l'étape précédente, c'était tout naturellement une histoire d'argent. À notre descente, les bœufs étaient de nouveau apeurés et nous eûmes beaucoup de peine à les faire descendre du train. Les pauvres bêtes n'avaient jamais été habituées à de tels périples, bien trop occupées à vivre paisiblement dans les prairies du bocage bressuirais. En quittant Chey, nous nous dirigeâmes vers le village de Longes, dans la commune de Saint-Sauvant. Il nous aura fallu un peu plus de deux heures pour y arriver. Les bœufs étaient énervés, exténués, et nous aussi. Nous n'en pouvions plus, nous étions rompus, las, mais impatients de trouver enfin cette nouvelle maison, comme si c'était notre Eldorado. Quelle aventure !

Il nous aura fallu quasiment une quinzaine d'heures en tout pour arriver enfin à bon port. Il était temps que cela se termine, les organismes étaient à bout. Nous nous étions relayés en cours de route pour monter à bord de la charrette afin de nous ménager un peu. Le père nous avait promis une maison plus grande. Ce n'était pas faux. J'avais l'impression d'arriver dans une demeure de maître tellement cette maison me paraissait vaste. Le nouveau patron de papa nous attendait patiemment. Monsieur Marquais. C'est lui qui s'était chargé de toutes les démarches et qui devait nous remettre les clés de la maison. J'ai tout de suite été surpris par sa rondeur, sa bonhomie. C'était un homme d'une bonne quarantaine d'années, bruns avec une longue barbe.

De manière chaleureuse, il nous souhaita la bienvenue. Il était accompagné par l'un de ses voisins, venu en renfort, et après les salutations d'usage, tous ensemble, nous déchargeâmes la charrette et mîmes en place les meubles en respectant scrupuleusement les consignes de maman qui meublait l'intérieur de sa nouvelle demeure comme elle l'entendait. Cet homme était remarquable, car il avait tout prévu, même la collation. Généreusement et copieusement, il n'avait pas mégoté sur les victuailles et tu peux me croire, rien ne manquait. Nous avions bien besoin de ces agapes après ce si long voyage.

— J'imagine que tout le monde a besoin d'un bon remontant après un si long voyage, nous avait-il dit. Ça me fait bien plaisir de vous voir aussi affamés. Allez-y, ne vous gênez pas. S'il n'y en a pas assez, je peux retourner à la maison en chercher d'autres.

Nous acquiesçâmes unanimement. Trop heureux de nous restaurer, de nous reposer et d'être enfin arrivés à bon port dans cette superbe maison qui, j'en étais persuadé, allait nous changer en bien notre chienne de vie.

Le brave homme avait bien garni son panier : pain, pâtés, rillettes et fromages à volonté et quelques bouteilles de cidre de sa fabrication. Le cadre et l'environnement me plaisaient et j'étais déjà convaincu que nous allions rapidement nous sentir bien dans ce nouveau village. L'accueil et la maison m'avaient déjà convaincu. »

Chapitre 18

Longes

« Pour la toute première fois de notre vie, voici que nous étions installés dans un cadre avenant. Un grand tilleul planté au beau milieu de la cour s'était déjà métamorphosé en un immense parasol multicolore avec son feuillage de début d'automne mêlant toute une palette de couleurs allant du vert en passant par le jaune jusqu'au rouge et au vermeil. Un banc de pierre placé juste en dessous laissait augurer de longues pauses bienfaitrices, de longues palabres ou bien de méditations.

L'intérieur de la maison paraissait immense par rapport à ce que nous avions connu jusqu'alors. Il y avait deux grandes pièces au rez-de-chaussée séparées par un large couloir au beau milieu de la carrée. Un escalier montait à l'étage distribuant deux grandes chambrées. Une chambre pour les garçons et l'autre pour les filles. Derrière la maison, il y avait un grand cellier et une remise pour le bois.

À l'extérieur, sur le côté droit de la cour, un hangar tout en lattes de châtaignier en parfait état et face à la maison, un beau potager dans lequel quelques pommiers et poiriers croulaient sous la quantité de fruits. On y devinait aussi quelques pruniers, pêchers et cerisiers au fond du jardin. Mon père allait pouvoir jardiner à souhait, lui qui espérait tant un grand et beau potager.

Mes parents étaient sans voix, enchantés, ébaubis et admiratifs devant cette grande et nouvelle propriété qui allait leur faire vivre à coup sûr des années de bonheur. Ils remercièrent chaleureusement le patron pour son extrême gentillesse. S'il y en avait un qui n'était pas mécontent, c'était mon père, heureux d'avoir trouvé ce nouveau cadre de vie. Il se voyait déjà apprécier les nombreuses heures passées dans son nouveau petit paradis, ce nouvel Eden. Ma mère était ravie et le jardinier était comblé. Un nouveau patron, un nouveau travail, une nouvelle vie. Un beau programme.

Monsieur Marquais lui plut rapidement. Jamais elle n'eut à s'en plaindre. La ferme qu'il exploitait au lieu-dit Les Bouiges, à un kilomètre de la maison, était d'une assez grande importance. Le matériel agricole avait l'air intéressant et en bon état, quoiqu'encore relativement limité à cette époque. Une paire de juments percheronnes étaient employées pour le dur labeur et la paire de bœufs qui nous avait servi à faire le voyage de Noirterre à Longes allait momentanément être mise aux prés pour une semi-retraite bien méritée. Bien évidemment, un troupeau de vaches, quelques chèvres poitevines et deux cochons constituaient l'essentiel du cheptel de la ferme.

Le travail était dur, mais le salaire était un peu plus conséquent que ce que mon père gagnait auparavant. Cela correspondait tout à fait à ce que lui avait dit son ancien patron de Noirterre. Désormais, il n'aurait qu'un seul patron et il ne mettait que cinq minutes environ pour s'y rendre à pied. Pour lui, c'était le Graal. Je le voyais désormais plus rasséréné.

Pour nous les garçons, il fallut rapidement chercher un nouvel employeur. Grâce aux recommandations de monsieur Marquais, je trouvai facilement un nouveau patron à la ferme des Molles. Les Forget étaient propriétaires et réputés pour être de bons métayers. Le père Forget était un homme grand et costaud. Un chapeau vissé sur la tête et la cigarette au bec qui lui jaunissait sa moustache impériale et virile lui donnaient un air sérieux, autoritaire alors qu'il n'en était rien, c'était un homme bon. Il savait me faire comprendre le travail qu'il attendait de moi en prenant bien soin de me l'expliquer parfaitement.

Sa femme ressemblait à ma maman. C'était une petite femme menue, les cheveux coiffés tirés vers l'arrière en un petit chignon, elle était douce, prévenante et excellente cuisinière de surcroît.

Rapidement, j'ai voulu leur prouver qu'ils avaient fait le bon choix en m'embauchant. Je voulais qu'ils aient une totale confiance en moi de manière à me confier des tâches conformes à ce que j'avais su faire chez les Dubreuil. La ferme était grande, bien entretenue et bien pourvue en bâtiments. Le matériel ne manquait pas. Un cheptel important attestait de l'ampleur du domaine.

Le village des Molles était retiré de quelques kilomètres du bourg de Saint-Sauvant et avait beaucoup de charme. Arboré d'essences diverses comme l'étaient tous les villages à cette époque, il avait la particularité d'être constitué d'une seule et unique grande exploitation. La ferme disposée en M se situait tout au bout d'une allée longue d'au moins un kilomètre et plantée de chaque côté de noyers, de châtaigniers et de cerisiers.

La maison familiale était spacieuse et bien meublée. Je n'étais pas habitué au faste de l'intérieur de leur habitation. Chez nous, dans notre maison, nous étions bien plus modestes, il n'y avait rien de superflu, simplement le strict minimum.

Leur fils Gilbert travaillait avec nous. C'était un gentil gars avec moi et nous avions très vite sympathisé. C'était un grand et beau gaillard, brun et costaud. Il ressemblait à son père. La moustache en « petit guidon » très à la mode en ces temps-là lui donnait un air de dandy. Il avait le regard toujours dirigé vers l'horizon. On ne s'est jamais pris la tête. Il était mon aîné de trois ans, mais n'en fit jamais cas. Gilbert m'avait raconté sa guerre. Il avait été mobilisé en 1917. Il venait tout juste d'avoir dix-neuf ans. Maîtrisant parfaitement l'élevage des chevaux, il avait été enrôlé dans un régiment de la cavalerie française. Son travail consistait à panser les chevaux qui étaient employés aux tâches logistiques sur le front des monts de Champagne. Il a connu la Grande Guerre, il a connu la capitulation de l'ennemi et l'armistice. Ce fut une fête mémorable et bien arrosée, me racontait-il.

Ce qui le rendait *chagrineux* (néologisme) selon son expression, c'était d'avoir appris que des centaines de milliers de chevaux avaient péri pendant les affrontements et ça, il ne le supportait pas. La plupart mouraient sous le feu des canons et des fusils, mais d'autres en grand nombre moururent de faim ou de maladie. Il en voulait énormément à l'armée française d'avoir sacrifié autant d'animaux. L'amour de la race équine était plus fort que tout et je crois que s'il avait pu dénoncer un tel massacre, il n'aurait pas hésité.

J'apprenais des faits de guerre que j'ignorais et cela aussi m'avait beaucoup affecté. J'aime et j'ai toujours beaucoup aimé les chevaux. J'ai souvent eu des chevaux pour faire mon travail dans les fermes, ce sont de solides bêtes très attachantes sur lesquelles on peut compter. Il est dit que "*le cheval est le meilleur ami de l'homme*", eh bien je confirme cette citation, car jamais ils ne m'auront déçu au cours de ma carrière de paysan. »

Chapitre 19

Le service militaire

« Le service militaire me rattrapa à mon tour, au grand dam de mes patrons qui m'appréciaient et allaient regretter mon départ. La conscription est arrivée à l'âge de mes dix-neuf ans. Aucun moyen d'y déroger. Avec le recul, je crois que ce fut une grave erreur de supprimer le service militaire obligatoire. Quand je fis mes classes, un grand nombre d'appelés étaient analphabètes, ne sachant ni lire, ni écrire, ni compter. L'armée leur prodiguait des cours d'éducation générale afin de leur donner de solides bases. L'encadrement militaire permettait aux fortes têtes de rentrer dans le rang. Ce n'était pas anodin tout de même. Tout n'était pas à jeter dans ce qu'on appelait le service militaire obligatoire.

Avec les copains conscrits, nous avons fêté l'événement comme il se doit pendant plusieurs jours. La coutume voulait que l'on passe chez tous les conscrits et les conscrites (filles de la classe) de la commune.

Inutile de te dire qu'il y avait beaucoup d'ambiance sur le chemin. Chaque maison nous réservait un bel accueil et les coups à boire ne manquaient pas. Nous mangions un morceau par-ci par-là et le soir on dormait n'importe où, souvent dans une grange ou un fenil. Dans le groupe, certains jouaient de la musique sur de vieux crincrins et la troupe en fanfare défilait de village en village. Il nous arrivait parfois que dans la bande, certains se laissent aller à la boisson plus que de coutume. Il fallait rester vigilant afin qu'ils se conduisent bien, mais en général ça se passait plutôt bien. On se déplaçait à pied et dans l'équipe il y avait toujours un gars qui essayait de rester plus raisonnable que le reste de la bande pour qu'il n'y ait jamais de problèmes. Le dernier dimanche, nous devions aller à la messe ou au culte, selon son baptême. Ensuite, nous étions conviés à un bon repas offert par monsieur le maire.

Par la suite, chacun de nous reçut son affectation et dut se rendre dans le centre d'appel inscrit sur l'ordre de recrutement envoyé par l'armée. Pour ma part, il était écrit que je devais regagner ma caserne le quinze du mois. Un billet de train était joint à la convocation. C'est ainsi que je pris le train pour la deuxième fois en gare de Rouillé.

Je passai le conseil de révision puis fis mes classes à Boulogne. Nous étions en période d'après-guerre et il demeurait encore une certaine discipline inculquée par des sous-officiers de carrière. De vieux briscards rompus aux champs de bataille et qui étaient considérés comme des héros, ils réclamaient ordre et obéissance auxquels il ne fallait jamais faillir. C'était très strict.

Après cette période d'apprentissage rude et rébarbative, je fus envoyé dans la ville de Mayence en Rhénanie chez les Allemands. Je trouvais ça curieux comme affectation, surtout juste après la guerre. Eh bien, j'y restai jusqu'à la fin de mon service militaire. Alors pourquoi en Allemagne ? On m'expliqua qu'à la fin de la Grande Guerre, la ville fut placée sous administration française et qu'elle resterait ainsi jusqu'en 1930.

Dans la caserne où j'avais été muté, on m'avait affecté au magasin du service de l'habillement. Service qui se situait dans un vieux hangar dans lequel avait été aménagé le magasin. Sous les ordres d'un vieux caporal héros de la Grande Guerre, j'étais chargé de veiller au stock, à la fourniture et à l'approvisionnement d'uniformes et de chaussures pour les nouvelles recrues.

C'était tranquille comme boulot. Fini le maniement d'armes et les exercices ridicules, je restais au sec et à l'abri des grands froids grâce au vieux poêle à charbon qui suffisait à peine à nous réchauffer.

C'était un travail qui permettait des petits arrangements possibles, des petites combines. C'était la grosse débrouille. Il arrivait parfois qu'un gars ait perdu un vêtement, une godasse, alors on s'arrangeait en échange d'une bonne bouteille de schnaps ou d'un paquet de tabac. Il y avait mille façons de faire du troc et mon cabot, qui n'était pas en reste, m'encourageait à faire toutes ces petites magouilles avec pour seule et unique condition la restitution d'une partie de mon butin afin d'acheter son silence, disait-il.

J'ai vraiment eu beaucoup de chance d'avoir ce poste. D'autres camarades conscrits n'avaient pas eu la même chance que moi, certains en ont même bavé, m'ont-ils avoué lorsque nous nous sommes retrouvés à la fin de notre période militaire. Même avec beaucoup de recul, je n'ai jamais regretté mon séjour en Rhénanie. J'en garde encore aujourd'hui de très bons souvenirs.

Les jolies *fräulein* ne manquaient pas en ville et nous avions la chance de rencontrer un franc succès auprès des jeunes Allemandes. Ne me demandez pas pourquoi, mais ce qui est sûr, c'est que je ne me suis jamais ennuyé là-bas.

Chez nos voisins allemands, la guerre avait fait énormément de victimes. Les dégâts étaient quasiment collatéraux, ils n'avaient pas été épargnés et de toute évidence le manque d'hommes, de maris ou de fiancés se faisait très nettement ressentir, que ce soit dans les usines, dans les magasins ou les fermes.

Avec les copains, nous allions au bal les samedis soir et les dimanches après-midi. Les jeunes Allemands étant rares dans les bals, les cabarets ou dans les clubs, cela nous permettait d'avoir de petites aventures galantes avec la gent féminine. Ces jeunes femmes étaient belles, tout à fait amènes aux plaisirs de la vie, voire peu farouches. Elles avaient envie de s'amuser, d'oublier ces terribles années de guerre qui furent effroyables et elles étaient ravies de nous trouver, nous les petits f*ranzose* et nous étions ravis de connaître ces petites f*räulein*.

Les jeunes militaires français et les jeunes filles allemandes se retrouvaient avec beaucoup de plaisir lors des heures de loisir, comme si le souvenir de la Grande Guerre était devenu irrationnel, qu'il fallait l'oublier très vite afin de tourner la page et de connaître des jours meilleurs. Nous n'avions pratiquement aucun interdit tout en conservant une certaine prudence. C'était une nouvelle ère qui commençait.

J'ai connu en Rhénanie de bons moments. Des liens d'amitié et de camaraderie s'étaient noués entre garçons et filles. Dommage que l'Allemagne ait été aussi loin. J'en garde vraiment de très bons souvenirs. Nous avions vingt ans, l'âge de l'insouciance et nous ne pensions pas au mal.

Pour te rassurer, je ne connaissais pas encore ta mère à cette époque. Nos supérieurs nous avaient particulièrement demandé de ne jamais chercher la zizanie en ville et de toujours rester correct envers l'habitant. "Certes, nous expliquait-il, ce n'est pas parce que nous avons gagné la guerre avec l'aide précieuse de nos alliés qu'il nous est permis de fanfaronner et de chercher des noises avec la population locale."

Il arrivait parfois que de jeunes Allemands cherchent la bagarre alors nous essayions de régler le différend discrètement d'un commun accord en évitant de nous faire remarquer par la police militaire.

Je dois vous saouler avec mon histoire, je n'arrête pas depuis tout à l'heure. »

Il est vrai que cela fait un long moment qu'il parle et qu'il nous fait partager son histoire, sa jeunesse, mais je trouve ça passionnant. Je profite qu'il soit prolixe, car ce n'est pas dans ses habitudes de se livrer comme ça.

– Tu ne nous ennuies pas du tout, papa. Ton histoire est captivante. J'apprécie beaucoup ce que tu racontes et je viens d'apprendre en quelques minutes bien plus que jamais auparavant tu ne nous en avais dit. Continue si tu veux bien, nous avons le temps et c'est très intéressant.

Chapitre 20

Le retour

« J'ai été démobilisé en mars 1924. J'étais heureux d'avoir terminé mon armée et triste à la fois de quitter Mayence et ma petite *fräulein* que je fréquentais depuis plusieurs semaines. J'en garde un merveilleux souvenir. Le peuple allemand est très attachant. Ce sont de braves gens qui, on le sentait bien, n'avaient jamais souhaité cette longue et dure période de conflits. Comme nous, ils n'avaient qu'une seule envie, c'était d'oublier. Vraiment, je n'oublierai jamais ces instants. Dommage qu'il y ait eu parfois des personnes très peu recommandables à la tête de ce grand pays. Je me plaisais bien à Mayence, mais il fallait bien tourner la page. Le travail et la famille m'attendaient.

Après tous ces mois d'éloignement, j'avoue que j'étais bien content de rentrer à la maison.

Voici donc que j'étais de retour à Longe chez les parents. Beaucoup de choses avaient changé en si peu de temps. Mes deux grandes sœurs avaient chacune un copain, ce qui n'était pas trop du goût du père. Chacune avait trouvé un travail. Camille travaillait à la ferme juste à côté de chez nous chez les Denicourt et Marie était employée chez le quincaillier de Saint-Sauvant comme bonne à tout faire. Mes deux aînés, Henry et Julien, étaient toujours chez le même patron et très heureux de leur sort. Henry fréquentait assidûment une jeune fille du village voisin. Quant à Julien, il n'était pas encore fixé, il était plutôt du genre à butiner à droite et à gauche. Mon cadet Joseph était commis à la ferme du Bois de Luché. Et les petits derniers usaient encore les bancs de l'école. École qui n'était pas bien loin, aux Héraults, ce qui leur faisait à peu près cinq minutes à pied.

Après mon retour, il fallut que je me mette rapidement en quête d'un nouveau travail. En effet, à cette époque, on ne garantissait pas le retour à l'emploi dans son ancienne entreprise après le retour à la vie civile. Mon patron s'en était excusé lors de mon départ en prétextant qu'il n'y aurait plus de boulot pour moi sur son exploitation. Grâce à de nouvelles machines qui facilitaient le travail des champs, ils pourraient suffire seuls avec l'aide de son fils Gilbert à la conduite des travaux quotidiens. Il regrettait sa prise de décision, mais savait déjà qu'à mon retour je trouverais facilement un nouveau patron et qu'éventuellement, si j'étais dans l'embarras, il pourrait me recommander auprès de l'un de ses collègues paysans.

C'est vrai qu'à cette époque, il était très facile de retrouver du travail. En effet, très peu de jours après mon retour à la vie civile, j'ai trouvé assez facilement un emploi chez des gens que tu n'as pas connus, mais dont le nom va bien entendu te rappeler quelque chose. Il faut croire à son destin, dit-on. Le mien était tout tracé. Et pour cause, je me suis fait embaucher à la ferme de la famille Pommier à Donné. Les Pommier, qui allaient quelques mois plus tard devenir mes futurs beaux-parents. Il y avait environ quatre kilomètres pour me rendre de la maison familiale à Donné. Au début, je les parcourais à pied, puis je me suis offert un bon vieux vélo d'occasion. Je gagnais pratiquement trois quarts d'heure pour me rendre à mon travail. Je n'étais pas fâché d'avoir investi dans ma bicyclette. Bicyclette que je garderais jusqu'au début des années soixante.

Ils étaient métayers dans une ferme de moyenne importance, mais honorable comme il en existait des dizaines dans chaque commune. La demeure n'était pas bien conséquente, mais suffisait à loger la famille. Les bâtiments de ferme étaient en assez bon état. Il y avait une étable et l'écurie attenante puis sur le côté gauche de la cour, un hangar où se trouvait le matériel agricole puis légèrement sur le côté droit de la cour, le fenil jouxtant un atelier de mécanique. C'était convenable pour l'époque. On y cultivait une vingtaine d'hectares. Le cheptel se comportait de six vaches, une paire de bœufs, une jument, une douzaine de chèvres et deux cochons. Voilà le décor planté.

Comme dans chaque ferme ou chaque maison de campagne de l'époque il y avait la traditionnelle basse-cour avec les poules, les canards et quelques lapins dans des clapiers situés au fond de la cour.

Le vieux François Pommier était assez rude. C'était un vieux bonhomme dur à la tâche qui n'arrêtait jamais à l'ouvrage, sauf pour dormir. Il conduisait son affaire de main de maître. Ma future belle-mère, Marie-Madeleine, n'était pas toujours très tendre. Je peux même dire qu'au début, elle était assez vache avec moi. La famille se composait de quatre garçons et deux filles. L'aînée s'appelait Alphon- sine, puis venait François-Pierre et Paul qui était du même âge que moi. Il venait tout juste de terminer son armée puis il y avait Maurice et Gaston, partis à leur tour faire leur service militaire et enfin la petite dernière de la fratrie, Albertine, que tu as bien connue et qui allait devenir ma femme et ta mère par la suite. Nous avions un peu plus de sept ans d'écart. Rapidement, de vrais sentiments sont nés entre nous deux. Ça ne plaisait pas du tout aux deux vieux voyant d'un mauvais œil cette amourette qui semblait devenir sérieuse entre nous deux.

Un jour, le père Pommier m'a pris entre quatre yeux, comme le veut l'expression, et m'a déconseillé de regarder de trop près sa fille.

— Tu es beaucoup trop âgé pour elle, laisse-la tranquille, ce n'est pas possible. Tu vois bien que c'est encore une petite *draullère* (fille). T'aurais encore quelques hectares de terre, j'te dirais pas non, mais t'es qu'un domestique, mon p'tit gars. Y a des règles auxquelles on ne peut pas déroger. Regarde autour de toi, tu as la Marcelline chez les voisins. Elle est de ton âge et elle en pince pour toi. J'le vois bien, elle tourne toujours autour de toi. Voilà une fille faite pour toi et en plus elle est mignonne. Je vous verrais très bien ensemble. Ça serait bien plus raisonnable. J'ai pas envie de te donner ma fille. C'est encore trop tôt, elle est beaucoup trop jeune, alors arrête de tourner autour ou bien je serai obligé de te foutre à la porte.

Certes, la Marcelline était jolie, mais sans plus, et puis l'amour, ça ne se commande pas en dépit des us d'autrefois. Les histoires de gars qui ne peuvent se marier qu'avec des filles du même rang ne sont que balivernes, des coutumes ancestrales. J'avais décidé d'en faire fi, j'étais vraiment épris de ta mère et je ne comptais pas changer malgré les invectives du bonhomme.

La future belle-mère était bien plus remontée contre moi, elle m'avait mis en garde plusieurs fois. Je crois bien que c'est elle qui poussait le vieux à me vilipender régulièrement. Je ne savais pas pourquoi elle s'acharnait contre moi. J'ai cru comprendre qu'il y avait deux raisons à cela. La première était que j'étais leur domestique, elle ne supportait pas que sa fille s'acoquine avec son "valet" et la deuxième était sans doute d'ordre religieux. Elle me savait baptisé catholique, alors qu'ils étaient de confession protestante. Je pense que c'était les deux raisons majeures.

Les vieux nous connaissaient mal, nous n'avons pas cédé et plusieurs mois plus tard, voyant bien que leur fille en pinçait de plus en plus pour moi, ils ont fini par comprendre et admettre qu'il y avait de sincères sentiments entre nous et qu'il devenait impossible de ne pas nous marier, surtout que ta maman avait de plus en plus le béguin pour moi. J'étais tombé sous son charme et j'avais très envie qu'elle devienne ma femme. L'amour, ça ne se commande pas. À force d'insister et comprenant bien qu'il serait difficile de nous séparer, les deux vieux s'inclinèrent.

Ta maman était très jolie fille et avait déjà toutes les rondeurs d'une jolie femme pour son âge. Comme j'étais un bon domestique et qu'ils m'appréciaient pour cela, ils convinrent qu'un possible mariage était envisageable en faisant fi des conventions. Je comprenais la mise en garde du père Pommier. En effet, Alphonsine, l'aînée, avait "consommé" bien avant d'être mariée. Elle avait eu un garçon alors que l'homme qui l'avait engrossée lui avait fait faux bond. La pauvre avait eu affaire à un goujat. Nous n'avons jamais su qui il était, Alphonsine assumait sa faute et garda le secret jusqu'à son dernier jour. Les vieux n'avaient pas du tout apprécié cette incartade. À leurs yeux, c'était un péché impardonnable. La pauvre Alphonsine fut quasiment bannie de la famille. Nous étions les seuls, ta mère et moi, à lui rendre visite à l'insu des beaux parents qui n'auraient probablement guère apprécié. Elle était l'aînée de ta mère d'une douzaine d'années. C'était une fille très peu dégourdie, gentille, il est vrai, mais peut-être un peu trop naïve. C'est probablement la raison pour laquelle le géniteur avait pu abuser d'elle.

Mais maintenant si vous souhaitez que je vous raconte la suite ! »

Évidemment, nous acquiesçons, il est hors de question d'arrêter cette histoire qui devient de plus en plus passionnante.

« Revenons à nous deux, ta mère et moi, il fallut commencer à organiser les fiançailles. Mes futurs beaux-parents étaient d'ordinaire très autoritaires. N'oublions pas que c'était des fermiers, exploitants d'une ferme de moyenne importance. Peut-être pas trop riches, mais fermiers et patrons. Ce qui n'était pas le cas de mes pauvres parents qui faisaient partie de la classe d'en bas, trop habitués à courber l'échine devant les maîtres. Ça aussi ils avaient su me le faire comprendre. Pas ouvertement, mais par de petites allusions. J'étais décidé et ils pouvaient bien penser ce qu'ils voulaient de ma famille, j'irai jusqu'au bout en dédaignant les différences sociales.

Le premier jour où mes parents durent venir à la ferme pour régler les détails de cette journée fut assez cocasse. Ils avaient enfilé leurs plus belles tenues, enfin ce qu'ils avaient de plus seyant ou de plus convenable et se rendirent tout penauds à Donné. Il leur fallait environ une petite heure pour s'y rendre à pied.

Après les présentations d'usage, le père Pommier les mit tout de suite à l'aise et les notions de classes sociales furent écartées momentanément. Ça ne s'annonçait pas trop mal.

Mes parents acceptèrent sans aucun desideratum particulier l'organisation des festivités. Ils se plièrent aux dictats des époux Pommier. Je compris qu'ils voulaient rester maîtres de l'événement. Je connaissais bien mes parents. Ils étaient bien trop humbles et je savais qu'ils se plieraient sans condition aux formulations des futurs beaux-parents. Nos quatre parents s'étaient mis d'accord sur le menu et sur ce que chacun fournirait pour cette journée. Nous serions peu nombreux et il leur fut facile de déterminer le partage des tâches et des provisions. Mes parents fourniraient les légumes et les desserts et les Pommier prépareraient les pâtés, rillettes et jambon. La boisson serait partagée. Essentiellement du cidre, du vin, le pineau maison pour l'apéro et l'eau de vie en fin de repas.

Le banquet et la demande en mariage officielle se passèrent donc à Donné, au mois de décembre 1925. La maison était suffisamment grande pour accueillir les quelques invités. Dans leur salle à manger se trouvaient une grande table et deux bancs assez grands pour que nos deux familles se réunissent autour de la tablée. Le vieux trônait toujours dans son fauteuil au bout de la table. C'était un rite auquel il ne fallait surtout pas déroger. Seuls les parents, les frères et les sœurs étaient conviés au repas de nos fiançailles.

Le menu ne souffrait pas d'improvisation, la confection et le partage avaient été actés de manière scrupuleuse. Ainsi nos fiançailles se déroulèrent sans aucun problème dans la joie et la bonne humeur. Les coups à boire ne manquaient pas et l'ambiance était montée crescendo, agréable et chaleureuse.

Paul, mon futur beau-frère possédait un vieux crincrin et mon frère Joseph avait un accordéon sur lequel manquaient deux ou trois touches a priori sans importance. Ce n'étaient pas des musiciens de grande classe, surtout pas des virtuoses, mais ça suffisait pour amuser la galerie. Ils animèrent la journée au son des flonflons entrecoupés de rires, de chants et combien de verres vidés. Qu'est-ce qu'on a pu rigoler ! Les deux vieux avaient tellement bu qu'ils en oublièrent le patron et le valet, et qu'à la fin du repas ils se tutoyaient. Les chopines de vin, de cidre et de gnole se vidaient dans une franche et belle ambiance, mettant de côté les différences de classes sociales. Hélas, manquaient à la fête mes futurs beaux-frères Gaston et Maurice qui n'avaient pu être libérés de leur caserne et Alphonsine bannie à tout jamais de la famille.

Après le dessert, comme le veulent la coutume et les bons usages, je fis ma demande officielle en mariage, acceptée par ma future épouse et par mes futurs beaux-parents en levant nos verres et en trinquant à la santé des futurs époux. Oubliés la différence d'âge et le fait que je n'étais que le simple commis de la ferme. Le bon sens l'avait emporté.

Nous étions heureux ta mère et moi.

Au début de notre amour, nous nous cachions pour échanger des baisers parce que le vieux avait été très clair avec moi. Mais à partir de ce jour-là, nous n'aurions plus à nous cacher. Le père Pommier nous avait tout de même délivré un message, plus qu'un message, des recommandations :

— Vous vous marierez bientôt, mais en attendant je vous demanderais de rester prudent et de ne pas aller trop vite. Pas de coucheries avant le mariage. Pas de ça, Lisette. Que ce soit bien clair. On a déjà eu une trainée dans la famille, alors je tiens à ce que vous respectiez bien ce que je viens de vous dire.

J'obtempérai et je savais que j'avais intérêt, ma fiancée aussi. Nous savions tous les deux que le vieux tiendrait parole, alors nous avons respecté sa parole et nous nous sommes tenus à carreau jusqu'au mariage. Nous ne voulions pas gâcher les belles promesses que nous avions prises mutuellement. L'amour, ça ne se commande pas. Il n'y avait rien d'extraordinaire à obéir, le père Pommier avait été tellement désenchanté par Alphonsine. La pauvre fille avait tout perdu lors de son infortune. Perdu l'amour de ses parents, l'amour de ses frères, la dignité. Dans une famille respectueuse des us et de sa religion, le faux pas n'était pas toléré. »

Chapitre 21

Le mariage

« Cela faisait plusieurs mois que nous formions un groupe de copains venus des villages alentour. Je garde en mémoire le souvenir de ces franches parties de rigolade avec nos joyeux compères. Combien de balades avons-nous pu faire, allant de village en village afin d'y retrouver d'autres garçons et d'autres filles qui se mêlaient automatiquement à la troupe. Nous pouvions être ainsi une bonne vingtaine à chanter, à danser.

On chantait des airs de bourrées poitevines ou *Viens poupoule*, un grand succès d'après-guerre. On riait, on dansait la carmagnole, enfin je crois, d'ailleurs je ne sais plus trop comment ça se dansait. On vidait une bonne chopine offerte à l'occasion par l'un des parents de l'un des membres de la troupe. Ah ces années folles avaient le goût de l'insouciance ! On savait s'amuser à cette époque, avec bien peu de choses et parce que nous n'avions pas de voitures. Nous passions des heures à rigoler sur les chemins sans jamais être dérangés. Nous avions l'enthousiasme d'une jeunesse ayant échappé aux terribles années de guerre.

Et toujours en musique, ça jouait souvent très faux, mais on s'en fichait, l'essentiel était la joie, le plaisir et la rigolade. Pour la plupart d'entre nous, ces dimanches après-midi servaient de défouloir.

En effet, nous travaillions six jours par semaine avec des horaires qu'aucun salarié ne voudrait avoir aujourd'hui.

Dans les mois qui suivirent, ça devint plus sérieux, il fallut organiser notre mariage. Enfin ! dirais-je.

Ma promise et moi étions impatients. Voilà plusieurs mois que nous respections l'ultimatum lancé par le père Pommier et ça devenait de plus en plus difficile de rester raisonnable. Le désir était là, mais…

Revenons à nos moutons. Des petits couacs commencèrent à voir le jour. J'étais catholique (non-pratiquant comme tu le sais) et la famille Pommier était de confession protestante et surtout très pratiquante. Il a fallu que je fasse la promesse d'accepter que le mariage religieux se déroule au temple de Saint-Sauvant. Ça n'était pas négociable, m'avait dit le vieux. Personnellement, je n'y voyais aucun mal ni inconvénient. L'essentiel était d'épouser sa fille. Le reste je m'en fichais éperdument. Mes parents étaient plus réticents. Surtout ma mère. Ma mère était catholique très pratiquante et eut du mal à accepter que je doive me marier dans un temple protestant. Cela lui paraissait impensable, inacceptable. À ses yeux, les protestants étaient parjures. À cette époque, il régnait encore quelques querelles idiotes entre les deux religions alors que personnellement je m'en moquais totalement. C'est vrai, il n'y a qu'un seul bon Dieu. Les discussions furent animées, mais le bon sens l'emporta.

Bien entendu, il était hors de question de me brouiller avec ma future belle-famille tout en ménageant les desiderata de mes parents. Nous avions tellement envie de nous marier ta maman et moi. Nous avons échappé de peu à une nouvelle guerre de religion. Je plaisante.

La date du samedi 29 juin 1926 fut retenue et le mariage se ferait bien entendu chez les beaux-parents à Donné.

C'était par une belle journée d'été et l'occasion était bien trop belle pour ne pas profiter de l'ombrage du marronnier et du tilleul qui trônaient côte à côte au beau milieu de la cour. Les tables furent dressées sous ces deux arbres majestueux qui diffusaient des senteurs agréables dues à leurs floraisons flamboyantes. Bien heureux que nous ayons eu cette idée, car ce jour-là, il fit particulièrement chaud. Au plus fort de la journée, les abeilles diffusaient un bourdonnement incessant dû à leur quête du nectar précieux des fleurs.

D'un commun accord, nos parents se partagèrent l'élaboration des plats, des desserts et de l'approvisionnement de la boisson. Comme à l'occasion de nos fiançailles, rien ne manquait, ni qualitativement ni quantitativement. Nous avions tué le cochon engraissé à cet effet. Les parents réunis une dizaine de jours auparavant s'étaient reconvertis en charcutiers et avaient transformé la bête en rillettes, pâtés, boudins et rôtis. À cela nous avions rajouté quelques poulets, peut-être par peur de manquer. Le tout agrémenté d'une grande marmite de fayots et une autre de patates sautées. Les fromages de chèvre provenaient de l'élevage de la belle-mère et les desserts furent confectionnés par ma mère et mes sœurs. J'avoue qu'elles avaient fait fort. Le four de Longes avait été allumé pour l'occasion et les tourteaux fromagés ainsi que les broyés du Poitou avaient délicieusement cuit pour être appréciés par le palais des convives. Ce sera le premier repas de noces organisé par nos deux familles.

Ce fut un banquet gargantuesque. Je ne sais pas comment nous avons pu avaler tout cela. C'est fou l'appétit que nous avions à cette époque. Comme il se doit, le repas fut fort bien arrosé de cidre, de vin, sans oublier l'inoubliable gnole pour terminer.

Mes beaux-parents avaient, à cet effet, sorti leur plus belle vaisselle. Il est vrai que les couverts et les assiettes étaient très classe. Il ne serait pas erroné de penser qu'ils voulaient par le clinquant de la vaisselle démontrer qu'ils appartenaient à une caste supérieure.

Chaque famille invita ses membres proches. Albertine et moi avions la possibilité d'inviter un ou deux amis. J'avais choisi la fiancée de Henry et mon copain conscrit Gilbert, avec qui j'avais gardé des relations amicales. Albertine avait convié Philibert, un voisin et ami d'enfance accompagnée de sa fiancée. Nous devions être une quarantaine en tout.

Le jour du mariage, les deux familles devaient se retrouver à mi-chemin dans le village de Pouzeau pour former ensemble, à pied, le cortège jusqu'à la mairie de Saint-Sauvant.

À l'embranchement des deux routes, des habitants du village avaient préparé un grand feu de joie avec des fagots dans lesquels des rubans et des fleurs en papier avaient été accrochés. Quelques coups de fusil étaient tirés en l'air selon la coutume au passage du cortège. De véritables fêtes villageoises où tout le monde s'impliquait avaient été organisées. C'était très courant et ça donnait aux habitants l'occasion de participer et de s'amuser.

En queue de défilé, mon frère Julien et mon beau-frère Maurice, munis de paniers, distribuaient des morceaux de tourteaux fromagers arrosés d'un verre de cidre aux badauds présents sur le chemin. Quelle ambiance, il ne se passait pas une minute sans que l'un de nos joyeux drilles ne fasse une blague, un bon mot, faisant s'esclaffer tout le cortège.

Nous formions une jolie troupe et tout le long du parcours de Pouzeau à la mairie, l'ambiance allait crescendo, ça chantait, ça riait, ça chahutait et les kilomètres furent avalés sans la moindre fatigue ni le moindre tracas. Il faut dire que nos deux célèbres musiciens étaient venus, chacun muni de son instrument afin d'accompagner notre chorale improvisée. Il y avait dans la troupe quelques éléments qui avaient pris de l'avance en commençant à arroser copieusement la noce alors que nous n'étions qu'au beau milieu de l'après-midi. Nous allions tous à pied en occupant quasiment toute la largeur de la route, nous ne risquions point d'accident, les voitures étaient encore extrêmement rares à cette époque et elles auraient su se signaler.

En ces temps-là, je me répète peut-être, on avait le goût de la fête. Tout en restant raisonnable, avec peu de moyens, beaucoup d'entrain et grâce aux joyeux drilles de la bande, on ne vit pas le temps passer.

Il nous fallut une bonne heure pour rallier la mairie. Mon copain Gilbert faisait le pitre sans compter et les gens s'esclaffaient, se tordait de rire et le convoi prenait du retard. Monsieur le maire pouvait bien patienter sachant qu'après le passage au temple, il serait convié à la fête, ce qui ne le laisserait pas indifférent.

Alors que nous allions pénétrer dans la mairie, une salve de tirs salua notre arrivée, faisant fuir les pigeons et les corneilles du clocher de l'église. Monsieur Delacroix, le maire, nous accueillit chaleureusement puis nous posa l'inévitable question à savoir si oui ou non, nous acceptions de nous prendre pour époux. Ta mère et moi avons immédiatement prononcé notre "oui" pour la vie. Henry et Philibert étaient nos témoins. Le bisou et les applaudissements concrétisèrent l'acte de mariage. Nous étions à partir de ce moment mari et femme. Ta maman était aux anges. Je pense qu'elle attendait ce moment avec plaisir et impatience, car c'était pour elle la meilleure façon d'échapper au joug de sa mère.

Direction le temple, je revois encore la mienne ayant beaucoup d'appréhension au moment d'y pénétrer. J'ai bien cru qu'elle n'y entrerait pas. Je dus lui glisser discrètement à l'oreille que c'était le même bon Dieu, qu'elle n'avait rien à craindre et que le temple était solide. Ma mère était une gentille maman et d'un petit sourire, elle consentit à nous accompagner à l'intérieur.

Le retour à Donné se passa exactement comme pour l'aller. De nombreux badauds applaudissaient au passage du cortège à la sortie du temple. C'était une des rares occasions de réjouissance dans nos villages, c'est la raison pour laquelle les gens sortaient de leur maison et regardaient attentivement le défilé des mariés. Il arrivait parfois qu'il y ait plusieurs mariages dans la même journée. C'était aussi l'occasion de partager la liesse du moment en oubliant un instant la grisaille de leur vie monotone.

À la sortie du temple, deux gamins avaient tendu un ruban multicolore entre deux chaises, barrant ainsi le passage. La tradition voulait que ce soit les jeunes mariés qui coupent le ruban et en prélèvent un morceau afin que le convoi poursuive sa route. Morceau conservé en guise de porte-bonheur. Comme l'exige l'usage, chaque invité laissait au passage une petite pièce dans chacune des chaises, comblant ainsi de joie les petits gamins qui retournaient chez eux avec le précieux butin.

C'était de gentilles coutumes auxquelles nous étions très attachés et qui ont malheureusement disparu depuis plusieurs années.

Vous voyez, mes enfants, je puis vous affirmer que ce fut un bon et beau mariage, ainsi qu'une belle union. Ta mère et moi avons été heureux toute notre vie durant. Notre couple était solide et nous nous entendions très bien jusqu'à ce que la mort nous sépare. La maisonnée de Donné n'était pas assez grande pour accueillir notre ménage. Il avait été dit qu'après le mariage, nous habiterions chez mes parents à Longes.

Un an après notre union, notre premier enfant est arrivé. Ton frère Joseph était un beau bébé tout joufflu avec les cheveux noirs. Il amusait bien mes parents, c'était leur premier petit-fils. Quant aux beaux-parents, ils étaient enchantés de connaître Joseph. C'était leur premier petit fils, disaient-ils. Le fils d'Alphonsine ne comptait pas. Ton frère Gaston est arrivé l'année suivante.

Deux beaux et grands enfants. Le père et la mère Cousseau étaient aux anges. Mes parents étaient papy et mamie et surtout heureux que notre patronyme perdure encore longtemps. Mon frère aîné eut une fille quelques mois après nous sans avoir attendu d'être passé devant monsieur le maire. Nos premières années à Longes se passèrent relativement bien alors que notre petit noyau familial prenait de plus en plus de place. La cohabitation commençait à causer quelques petits couacs avec mes parents. Les enfants étaient turbulents comme le sont tous les enfants du monde et ma mère supportait de moins en moins les cris et le chahut dans la maison.

Ce n'était pas facile à vivre. Ta mère et moi commencions à manquer cruellement d'intimité. La cohabitation n'est pas aisée à vivre. Mon beau-père avait eu l'opportunité d'acquérir un plus grand domaine dans la commune voisine de Rom. C'était une excellente idée et une bonne affaire. Cette nouvelle exploitation se situait au lieu-dit Balzan. Il était facile de convenir que la maison était bien plus agréable et plus grande, la ferme plus moderne, mieux répartie avec en face de la maison une grange assez vaste possédant un grand fenil au-dessus. Sur le côté droit de la grange se situaient les écuries et l'étable. L'étable venait juste d'être rénovée. Ces nouveaux aménagements allaient nous permettre d'assurer une réorganisation du travail avec de nouvelles perspectives.

Le transfert entre les deux maisons s'est fait à la Saint-Michel en 1927 et comme les deux villages étaient proches l'un de l'autre, il ne nous fallut guère de temps pour transférer les animaux puis tout le matériel ainsi que l'ensemble des meubles. Nous avons d'un commun accord décidé de quitter Longes et d'aller rejoindre les beaux-parents. Nous n'avons eu aucun mal à créer un nouvel espace. Les beaux-parents nous laissèrent deux belles chambres, une pour les enfants et l'autre pour nous. Les repas se prenaient en commun. Nous avions enfin un vrai espace pour vivre. C'était tout de même plus appréciable. Les garçons avaient plus de place. Très vite, nous nous aperçûmes que ce n'était pas le paradis, la belle-mère était un peu trop envahissante et je voyais bien qu'elle s'immisçait trop facilement dans notre vie de couple. Ça commençait à agacer sérieusement ma petite Albertine, encore bien jeune et sous l'emprise du carcan familial.

Malheureusement, un drame est arrivé en 1928, le beau-père malade est décédé au mois d'octobre après une longue maladie et d'horribles souffrances, il avait cinquante-huit ans. Il n'eut guère le temps de profiter de sa ferme pour laquelle il s'était totalement investi. Lui qui était si fier d'être enfin devenu un propriétaire terrien. Ce fut une vraie catastrophe. Le défunt souhaitait être inhumé dans un coin de son jardin. Il y tenait, c'était une ancienne tradition huguenote partagée par la communauté protestante. Par le passé, les catholiques ne souhaitaient pas que les "mécréants" soient enterrés dans le cimetière communal. On fit appel au fossoyeur du coin qui créa le cimetière familial où depuis sont enterrés la belle-mère, ton oncle Gaston et la belle-sœur Alphonsine qui, fort heureusement pour elle, avait eu la délicatesse de mourir après sa mère. La pauvre, si elle était décédée du vivant de ses parents, il y a fort à parier que ceux-ci n'auraient pas voulu d'elle dans le cimetière familial.

La mère Pommier d'ordinaire si dure eut beaucoup de mal à se remettre de son deuil. Avec l'aide de Maurice et de Paul, nous l'avons soutenue et pris l'affaire en main. Chacun de nous étant affûté dans un domaine précis. Personnellement, j'assurais les tâches du pansage des animaux et des provisions journalières. Paul assurait l'entretien du matériel et participait un peu aux travaux des champs aidant ainsi Maurice qui était plus spécialisé dans ce domaine. »

Chapitre 22

Le concours

« Après Joseph et Gaston, nés à Longes, Roger est né à la ferme à Balzan, il est le seul enfant de la famille à être né dans ce village dans la commune de Rom. C'est à partir de ce moment-là que les accrochages quotidiens sont arrivés. C'était de plus en plus pénible pour ta mère et moi, la belle-mère s'immisçant de plus en plus dans nos affaires personnelles. Notre intimité, notre rythme de vie étaient de plus en plus mis à mal.

La vie de famille a ses règles. Les trois garçons prenaient de la place et nous étions sous le toit de la belle-famille avec laquelle il fallait composer et cohabiter. La promiscuité devenait malaisée pour nous tous. C'est ce qui a précipité l'envie de changer, de partir. Partir ailleurs, puis trouver un autre travail. Nous en avons longuement parlé avec ta mère, mais je pense qu'elle en mourrait d'envie. Un ami m'avait informé que l'administration des Ponts et Chaussées de la Vienne recrutait du personnel. Personnel spécialisé pour l'entretien des routes et des ponts. Un peu curieux, avec l'idée de changer d'orientation professionnelle, j'ai pu récupérer une brochure à la mairie de Saint-Sauvant vantant les mérites de cette grande administration. Ç'avait l'air très intéressant et sérieux. Ça offrait la sécurité d'un emploi stable et d'une carrière séduisante. Devenir fonctionnaire en ces temps-là était considéré comme un aboutissement, une fin en soi dans une carrière professionnelle. Beaucoup de mes congénères rêvaient de faire carrière dans le fonctionnariat. Cela était peut-être dû au peu d'engouement qu'offraient les durs travaux des champs et aux salaires minables. Travailler à la ferme n'était pas toujours bien rémunéré et assurait peu de sécurité. J'avoue que ce que j'appris en consultant ce document me convainquit totalement. J'appréciais plus particulièrement le fait que c'était un travail plaisant en contact permanent avec la nature. Cette brochure m'expliquait que cette administration avait été créée en 1716. L'un de ses fondateurs se nommait Perronet. C'était un ingénieur architecte qui fut le directeur de la première grande école de formation des ingénieurs. Voilà pour l'histoire. Chaque brigade de cantonniers est commandée par un ingénieur en charge de recruter et de former ses équipes. Il doit anticiper, conduire et proposer les travaux nécessaires à la création de routes ou de ponts et d'en assurer l'entretien en accord avec sa hiérarchie et des élus locaux.

Il suffisait de posséder le permis de conduire et de passer un concours basé sur les connaissances générales pour pouvoir intégrer cette administration. C'était les deux principales conditions, indispensables à l'admission.

Nous avons discuté de cela avec la belle-mère qui sans aucune équivoque comprit fort bien et admit notre envie de changer, de partir. Je pense que ça l'arrangeait un peu. En effet, ton oncle Maurice avait carrément formulé le souhait de rester travailler à la ferme avec sa mère. Il était le seul intéressé pour prendre le relais sur l'exploitation. Je reconnais qu'il avait toutes les capacités pour mener à bien le travail. Il était le digne successeur du père Pommier. C'était très bien comme ça et il le méritait. Voilà l'affaire réglée, la discussion fut brève et ça ne posa plus aucun problème. Ta mère était tout aussi convaincue que moi, elle partageait mon point de vue et elle pensait qu'il valait mieux que nous partions pour qu'enfin nous puissions voler de nos propres ailes. Une forme de quintessence pour une famille normale en quelque sorte.

Une nouvelle vie allait s'offrir à nous. Le plaisir d'être chez soi, de ne plus dépendre de l'autorité de la belle-mère et enfin goûter à la vie normale d'un couple ordinaire.

J'ai fait ma demande officiellement à l'administration. Il me restait à passer mon permis de conduire que j'allais réussir dans l'année qui suivit la naissance de ton frère Roger. L'épreuve n'était pas bien difficile, il me fut aisé de réussir l'examen, peu de questions et quelques heures de conduite seulement suffisaient. Fort de ce document, je pouvais donc postuler au concours des Ponts et Chaussées. Je n'avais rien perdu de ce que j'avais appris à l'école. J'avais été un bon élève quand j'étais gosse, j'avais gardé de beaux restes en entretenant régulièrement ma culture générale. Ce fut une simple formalité de réussir et jamais je n'allais regretter d'avoir fait ce choix par la suite. Je nous offrais de belles perspectives pour l'avenir et un véritable tremplin pour une réelle ascension sociale, moi qui n'avais connu jusqu'alors que les fins de mois difficiles, le manque de considération, j'étais devenu un fonctionnaire. C'est fou ce que ça changeait.

Je suis entré dans cette administration au cours de l'année 1931. J'ai été convoqué chez le chef de secteur, un certain monsieur Demaison à Lusignan qui m'a fort bien accueilli. C'était un type charmant, ingénieur, un homme haut placé dans la hiérarchie, mais sachant mettre tout de suite à l'aise son interlocuteur. Il m'a bien briefé et expliqué ce que l'on attendait de moi à l'avenir. Le travail que j'aurais à faire paraissait simple, habitué et rompu aux tâches des travaux agricoles, les explications qu'il m'en donna me convainquirent de mon choix, ce qui me rassura totalement, s'il fallait encore me rassurer.

Le chef me mit en équipe avec le père Dubois, tout le contraire du prosélyte, un bon bonhomme qui m'avait pris sous son aile. Il n'était pas bien grand, mais de forte corpulence, la bonne cinquantaine, le verbe haut et célibataire convaincu. Par contre, il connaissait toutes les maisons où il y avait un bon coup à boire en cours de chemin et il ne s'en laissait jamais compter. Il habitait un petit village dans la commune de Lusignan. Cela faisait plus de vingt ans qu'il travaillait aux Ponts et Chaussées et il connaissait le travail sur le bout des doigts. Il était très appliqué et très respecté et j'ai eu infiniment de plaisir à travailler avec lui. C'était un brave type charmant, prévenant et agréable dans la conversation.

Il connaissait tous les villages du canton, toutes les routes et les chemins et il prit le temps de m'apprendre et de m'expliquer les différentes techniques pour l'enrobage des routes, la taille des arbres et des haies, l'entretien et la surveillance des ponts. C'était très intéressant.

Il ne restait plus qu'à nous trouver un toit pour qu'enfin nous ayons un vrai "chez nous", une vraie maison afin d'y loger notre petite famille. »

Chapitre 23

Jazeneuil

« Un collègue de travail m'indiqua une adresse située dans la commune de Jazeneuil, dans le village des Rémondières. La description qu'il en fit décrivait une petite maison sans réel confort, rien d'anormal à cela puisqu'elle ressemblait à l'ensemble des maisons de campagne et puis nous n'allions surtout pas faire les difficiles. Le propriétaire était un cousin de sa femme et sa maison était devenue libre suite au décès de ses grands-parents.

Ce serait notre première maison, notre premier nid. Pour un loyer modeste, nous avions convenu d'un bail précaire. Il n'y avait rien de luxueux dans cette bicoque qui était comme la plupart des maisons de village de cette époque. Elle était conforme à toutes les maisons poitevines classiques. Deux grandes pièces séparées par un couloir central au fond duquel un escalier montait au grenier. La plus grande servait de cuisine, de salle à manger et de chambre à l'occasion et l'autre servait de chambrée pour les garçons. Le seul moyen de chauffage étant une cheminée dans chacune des pièces, ce qui était tout à fait commun, surtout qu'elles avaient un excellent tirage. Nous n'avions pas besoin d'entrouvrir les portes pour empêcher d'être enfumé. Cette maison était placée au beau milieu d'une grande cour sur le devant de laquelle se trouvait un hangar assez conséquent dans lequel restait un tas de bois de chauffage et à l'arrière, un beau jardin avec sur le côté gauche une rangée d'arbres fruitiers. Voilà planté le décor. On ne pouvait rêver mieux.

Ta mère et moi étions ravis, heureux même, car nous allions enfin pouvoir avoir la paix et vivre une vraie vie de couple avec ses enfants. Je veux dire par là que nous n'aurions plus la belle-mère sur le dos. La paix est probablement un grand mot, la belle-mère et les beaux-frères étaient gentils, mais un peu envahissants, ce qui provoquait souvent de petits accrochages avec les garçons et cela nuisait légèrement à l'entente familiale. Entre ta mère et moi, il arrivait parfois qu'il y ait des tensions, des mots un peu forts, ce qui mettait quelque peu la zizanie dans notre couple.

Bien sûr, je comprenais ta mère, elle ne voulait pas d'anicroches avec la sienne, elle la respectait énormément.

Nous avons entrepris notre déménagement un peu avant l'hiver 1931. La chance était avec nous, car ce jour-là, il y avait un beau soleil accompagné d'un froid sec. Maurice, Paul et Julien sont venus nous aider. J'avais demandé à mon chef s'il pouvait me confier le camion de l'agence tout un dimanche, ce qu'il accepta sans difficulté. Nous n'avions pas beaucoup de meubles, la belle-mère nous en avait donné quelques-uns, parmi lesquels un lit de coin, une table de nuit, une table et un buffet. J'avais pu acheter deux autres lits et une armoire d'occasion chez des collègues qui s'en séparaient. Ce qui faisait le strict minimum, mais pour démarrer dans la vie c'était bien suffisant.

Nous voici donc pour la toute première fois chez nous, seuls, avec nos trois grands garçons. Nous étions bien installés, heureux et ravis d'avoir pris cette décision. Deux années plus tard, ta mère a souhaité apprendre le métier de coiffeuse. Elle sentait le besoin d'apprendre un métier et de créer sa propre entreprise. Sa décision ne m'avait pas étonné. C'est la coiffure qui l'attirait tout particulièrement. Je ne sais pas pourquoi, mais pour elle, c'était plus qu'une évidence : une nécessité.

Par le plus grand des hasards, elle apprit par le biais d'une cousine qu'un couple de coiffeurs ayant un salon à Poitiers cherchait une apprentie. C'était de très bons patrons, et de très belles personnes qui devinrent par la suite d'excellents amis.

Il fallut donc nous organiser pour qu'elle puisse prendre le train à Lusignan. Chez un de mes collègues de travail, nous avions récupéré un vélo en bon état de marche et c'est ainsi qu'elle se rendait à la gare de Lusignan chaque jour de travail. Ça ne faisait pas trop loin pour aller prendre le train. Nous pouvions aussi compter sur l'aide précieuse de nos voisins qui gentiment proposaient de s'occuper de tes grands frères à la sortie de l'école. C'est important l'entraide entre voisins.

Ta mère apprit très vite les rudiments du métier. Elle avait des aptitudes pour la coiffure et c'est ainsi qu'à la fin de son apprentissage, elle créa tout simplement son propre salon dans le bourg de Jazeneuil. En ces temps-là, les réminiscences de la guerre faisaient qu'il était très facile de monter sa propre entreprise.

Le maire nous avait loué le logement de fonction de la poste jusqu'alors inoccupé, la receveuse des Postes n'y habitant pas. En effet, son mari mécanicien était installé dans le village et ils avaient leur propre maison face à la mairie et des écoles.

Des Rémondières au centre du bourg, voilà que nous étions à nouveau en plein déménagement. Aidés par des collègues de travail et de mon petit frère Joseph, nous entreprîmes de déménager le dimanche 24 octobre 1934. Une nouvelle fois, mon chef nous avait gentiment prêté le camion et en une journée seulement, nous avions terminé le déménagement. Nous étions suffisamment nombreux pour que ça se passe sans problème. Nous n'avions pas de grosses quantités de meubles ce qui simplifia l'ampleur du travail.

J'avais un salaire deux fois et demie supérieur à ce que je gagnais chez les beaux-parents. Grâce à cela, j'ai pu acheter mon premier poste de TSF. Un sacré événement à l'époque. Tous les soirs au moment du souper, nous mettions la radio et on écoutait religieusement *Radio-Luxembourg*.

Le dimanche pendant le déjeuner, traditionnellement, on allumait le poste. Cette radio allait agrémenter nos repas et surtout nous tenir au courant de l'actualité en France et partout dans le monde. C'était extraordinaire de connaître les nouvelles du monde entier. Parfois, nous apprenions des noms de pays dont nous ignorions l'existence. C'était incroyable. Et puis il y avait la musique, les chansons, des pièces de théâtre. Sans être très riche, mais grâce à mon salaire, nous pûmes acheter tout le matériel qu'il fallait à ta mère pour qu'elle puisse créer son salon. Elle eut beaucoup de chance. Ces anciens patrons rénovaient leur propre salon de coiffure et nous cédèrent pour un prix raisonnable les équipements nécessaires. Le logement était assez grand, bien plus grand en tous cas que ce que nous avions connu jusqu'à présent. Au rez-de-chaussée, à droite du salon, nous avions la cuisine et la salle à manger, puis à l'étage, quatre chambres et un petit cabinet de toilette. Derrière la maison, il y avait une petite cour, au fond de celle-ci, un hangar dans lequel existaient des cages pour élever des lapins. Il manquait le jardin.

Nous habitions juste en face de l'église, ce qui amena quelques petites frictions avec le curé. En effet, à chaque fois qu'une vitre ou un vitrail était cassé, c'était toujours la faute de tes frères. Il nous avait un peu dans le nez le curé. Eh oui, les garçons étaient baptisés au temple, et ça, ça ne lui plaisait pas. Mais j'ai eu ma petite vengeance. On ne me la fait pas à moi. Je rencontrai le curé dans le bourg, j'étais avec ma brouette parti récupérer un sac de pommes de terre chez un ami. Me voyant, le curé m'interpella en me demandant si je pouvais lui rendre un petit service. Il voulait rejoindre les bonnes sœurs qui l'attendaient de l'autre côté du pont et la rivière était en crue. La Vonne débordait sur la chaussée avant et après le pont, pas beaucoup, mais suffisamment pour tremper sa soutane. J'acquiesçai avec une petite idée derrière la tête. Le curé grimpa dans ma brouette et au beau milieu de la flotte je fis semblant de perdre le contrôle, le curé tomba à l'eau en me traitant de noms d'oiseaux qu'un prêtre ne devrait jamais prononcer.

Le salon démarra timidement, ce qui était normal. Il faut se faire connaître et nous venions juste d'arriver, mais après plusieurs mois d'activité, les clients commencèrent à se fidéliser et l'affaire devint vite rentable. Ta mère était une bonne professionnelle, elle se débrouillait bien, alors les messieurs vinrent régulièrement se faire couper les cheveux et raser la barbe. Les dames venaient se faire coiffer entre bigoudis, *pin-curls*, frisettes, coupes et chignons. Le salon ne désemplissait pas et nous étions très contents.

Fort de la réussite du salon, deux années plus tard, on ajouta à nos activités la vente de graines au détail qui se révéla très lucrative.

Pour ce faire, nous avions commandé un meuble grainetier à multiples tiroirs à notre voisin Lhoumeau, menuisier de son état. Tu connais ma grande passion pour le jardinage, je pouvais donc distiller des conseils aux apprentis jardiniers. La vente de graines au détail fut une vraie et belle réussite et un bon complément de revenu pour la famille. En 1934, un épouvantable drame totalement imprévisible survint. Mon frère Joseph s'était pendu dans le jardin chez les parents. Il avait laissé une lettre à la famille. Il justifiait son terrible geste par un chagrin d'amour. Il fréquentait une fille depuis plusieurs mois dont il était fou amoureux et avec qui il s'était engagé sérieusement. Cette fille l'avait éconduit pour un autre garçon. Le pauvre n'avait pas supporté cet affront et il avait préféré se donner la mort. C'est horrible un tel geste ; combien il devait être désespéré pour arriver à commettre l'irréparable ! Mon malheureux père avait eu la lourde tâche de le décrocher de l'arbre et je crois bien que jamais après il ne s'en remit. Cette image restera à tout jamais gravée dans le fond de sa mémoire. Ma mère fut extrêmement affectée par cet incident. Sa vie entière fut hantée par cet horrible spectacle. Jamais elle ne put faire son deuil, elle resta marquée jusqu'à la fin de sa vie.

Au cours de la même année, j'avais acheté la première et unique voiture de ma vie. Une superbe Mathis rouge-grenat que nous avions achetée d'occasion chez le père Nougier, le mécanicien du village. Nous étions devenus très amis avec le couple Nougier depuis notre arrivée dans le bourg. Cette voiture avait provoqué bien des jalousies les mois suivants. Un peu chez mes frères, mais aussi dans le bourg. Rares étaient ceux qui possédaient une voiture dans les années trente. Surtout dans nos villages.

Mes parents nous ont rejoints en 1935. Mon père était déjà très fatigué, usé par les dures journées de labeur. Ils s'installèrent dans une petite maison juste en face de chez nous. Cette maison appartenait à monsieur Rouillé. Un voisin qui était propriétaire du prieuré situé juste derrière l'église. Un homme seul, extrêmement sympathique, vivant à Paris et qui ne venait qu'à de rares occasions, mais qui avait pour nous une totale confiance et une vraie amitié. Je faisais l'entretien du parc et du jardin du domaine et en échange, il me laissait cultiver tous les légumes que je voulais dans son jardin. Bien évidemment, lors de ses venues, je lui en proposais et il les acceptait bien volontiers.

Cet homme, extrêmement gentil, consentit à ce que mes parents, tes grands-parents donc, habitent sa petite maison sans bourse déliée. "Je suis heureux de pouvoir dépanner vos parents, disait-il, et je vous dois bien ça."

Je n'étais pas surpris. Cet homme était de nature très généreuse.

La demeure n'était pas bien luxueuse, mais mes parents étaient déjà habitués à vivre chichement. C'était une bonne vieille bicoque sur un sol en terre battue. Deux petites pièces seulement, ni eau ni électricité. Mais la maison était saine et leur convenait tout à fait. Ça leur permettait d'être auprès de nous. Ta grand-mère aidait maman à la maison. Elle préparait les repas que nous partagions ensemble. Elle faisait goûter tes grands frères à la sortie de l'école. Elle s'occupait du linge, tout ceci soulageait bien ta mère qui avait de plus en plus de travail au salon. Mon père s'occupait dans nos jardins, il en faisait peu, mais ce qu'il faisait était toujours bien effectué. Ils nous apportaient une aide précieuse et consensuelle.

Votre sœur Josiane est née en mars 1937. Ta mère était aux anges, elle qui espérait tant une fille, vit ses vœux exaucés. Tes grands frères l'étaient aussi. Avoir une petite sœur à la maison était une véritable aubaine pour eux.

Quant à mon travail, j'étais vraiment satisfait, il me plaisait énormément. Jamais je n'ai regretté mon choix. Être en contact permanent avec la nature était un rêve. Ça n'était jamais routinier. D'un jour à l'autre, le travail était différent. Nous étions dans une époque où il y avait encore peu de routes bitumées dans nos campagnes. L'essentiel de nos travaux consistait à réempierrer les routes secondaires et les chemins, élaguer les arbres et les haies, faucher l'herbe sur les bords de chaussées.

À ce propos, il arrivait souvent qu'en fauchant l'herbe au printemps, si une perdrix prenait son envol ou bien tout autre oiseau, à coup sûr il y avait un nid planqué dans les herbes hautes. Alors nous prenions d'infinies précautions et on fauchait tout autour en prenant bien soin de conserver un bon carré d'herbes afin de préserver la nichée future. Que la nature est belle. Lorsque je vois aujourd'hui comme elle est malmenée, cela me fait quelque peu enrager.

Nous devions aussi surveiller et veiller à l'entretien des ponts. C'était un travail délicat qui demandait beaucoup d'attention et de précaution. Chaque jour était un nouveau chantier, une nouvelle destination. À la fin, je connaissais tous les villages, tous les hameaux et toutes les routes sur une grande partie du canton. Je faisais alors tous mes déplacements à vélo.

Tôt le matin par tous les temps, qu'il fasse beau, qu'il pleuve, qu'il neige, qu'il vente ou bien qu'il fasse grand froid, on allait au boulot retrouver les copains et on rentrait le soir souvent bien las. Tous les jours, je partais aux aurores avec ma gamelle et ma chopine de vin dans ma musette sur le dos. Nous mangions pratiquement tous les midis sur place avec les collègues. Il est arrivé qu'il fasse tellement froid que le vin soit gelé dans ma bouteille. Au moment de la pause, nous allumions toujours un feu de broussailles ou de branchettes afin de réchauffer notre gamelle et nous aussi durant les hivers.

Tout le travail se faisait à la main, c'était dur, tu sais. Il n'existait pas d'engins mécaniques. Nous nous attelions à ce que notre travail soit toujours bien fait. C'est ce que notre chef répétait et nous avions toutes les raisons de penser comme lui. »

Mon père fait une pause, nous l'écoutions avec attention. La vie qu'il décrivait depuis le début nous passionnait. Voilà qu'en quelques heures, il venait de se livrer en nous narrant les trente ou quarante premières années de sa vie. Je découvrais l'homme, mon père, et je découvrais la vie qui n'était pas facile de cette époque. Jamais il n'avait abordé avec autant de précisions et de détails cette période d'après-guerre. Ou seulement par bribes, parfois. Après une courte pause, je le sens prêt à reprendre son récit. Je n'avais pas envie de l'interrompre. J'étais captivé. Je voulais connaître la suite.

« Il nous est arrivé une terrible catastrophe par une nuit d'hiver, notre maison a pris feu. Nous avons juste eu le temps de sauver les enfants et deux ou trois meubles. Nous avons quasiment tout perdu dans l'incendie. Le feu s'était déclaré dans la cuisine. Ma mère avait sorti les cendres de la cuisinière parmi lesquelles devaient rester quelques braises qu'elle avait mises négligemment dans le baquet en bois posé près de celle-ci et qui servait à nous approvisionner en bois de chauffage. Et la catastrophe est arrivée.

Le feu, un temps à l'étouffée dans le baquet, s'est propagé dans la cuisine et a ensuite embrasé les parquets de l'étage. Elle s'en est voulu toute sa chienne de vie. Ma pauvre mère était catastrophée, elle qui s'appliquait à toujours rendre service. Tout le quartier s'était mobilisé en attendant l'arrivée des pompiers. Ce fut un grand moment de solidarité avec la meilleure volonté des voisins. Une chaîne humaine s'était immédiatement constituée avec des seaux et tout ce qui pouvait contenir de l'eau. Nous l'avions échappé de peu. Cet incendie restera à tout jamais ancré dans nos mémoires, et par la suite, nous nous sommes obligés à la plus grande vigilance. Le maire nous avait trouvé provisoirement un logement, le temps que la maison soit réparée. Nous avons dû nous racheter le mobilier de la maison et celui du salon. Tout était à recommencer. L'assurance incendie que nous avions ne nous a remboursé qu'une infime partie des dégâts subis. Le contrat que nous avions souscrit garantissait un minimum de risques. Nous avons pu reprendre possession de la maison après huit mois de travaux nécessaires. Notre voisin, Lhoumeau, avait repris tous les meubles. Pour certains, il avait pu les réparer, pour d'autres, trop endommagés, c'était à refaire à neuf. Quant au mobilier du salon, grâce à la solidarité professionnelle, nous avons pu en racheter d'occasion chez un collègue qui refaisait entièrement l'intérieur de son salon.

Fort heureusement pour nous, les clients fidèles sont revenus en nombre et l'incident fut rapidement oublié.

Vous connaissez tous les deux ma passion pour le jardinage, eh bien, le maire m'avait gentiment prêté le jardin jouxtant le lavoir du bourg en bas de l'église. C'était un bon jardin arboré en fruitiers, longeant le bord de la rivière et qui bénéficiait des bienfaits des crues hivernales. Grâce aux limons saisonniers, ça poussait bien dans mon potager, j'y récoltais de beaux et bons légumes.

Il m'arrivait de faire une pause derrière le mur du lavoir et d'y passer des moments savoureux à écouter les lavandières racontant leurs gaudrioles ou leurs anecdotes de voisinage en s'esclaffant. C'était parfois très osé, même très coquin, à la limite d'être déconseillé aux oreilles prudes. Il y avait de drôles d'histoires, et moi, je me régalais de les entendre. Il leur arrivait parfois de critiquer sévèrement l'une de leurs collègues, absentes à ce moment-là, bien entendu. Je ne faisais aucun mal en les écoutant. Elles racontaient leur vie, leurs frasques, sans s'apercevoir qu'un curieux entendait tout à leur insu. C'était des petits moments très agréables à écouter. Souvent, je répétais ces histoires à ta mère et nous riions de concert. »

Chapitre 24

La Seconde Guerre mondiale

« En 1939, l'Europe s'est embrasée à nouveau à cause d'un sinistre individu qui avait su canaliser toute la jeunesse de son pays en leur faisant croire qu'ils appartenaient à la race supérieure de l'humanité et qu'il fallait éliminer tous ceux qui se mettraient en travers de leurs hordes sauvages et sanguinaires. Hitler a été tout ce que l'humanité peut connaître de pire sur notre planète.

Aujourd'hui, on se demande encore comment et pourquoi c'est arrivé et on a laissé faire. Cette terrible guerre est devenue mondiale comme vous le savez, et ce fut le chaos dans quasiment le monde entier. Les pires exactions se propagèrent impunément. Quand les politiciens européens ont compris et réagi, c'était déjà trop tard.

Nous avions à peine effacé les stigmates de la Grande Guerre que nous replongions dans l'horreur. Quand je vous dis horreur, c'est un euphémisme, c'était bien pire que ça. Jamais un pseudo-humain n'avait vociféré de tels discours et commis de crimes aussi horribles. Sous couvert d'élimination de la race juive, des communistes et des Tziganes, les boches se sont livrés à des actes d'une barbarie sans nom. Des alliés leur ont emboîté le pas tels que Mussolini, quelques Russes blancs éparpillés partout en Europe, les Japonais, et quelques leaders fascistes ou nationalistes adeptes de la cause hitlérienne.

Chez nous, en France, on avait placé à la tête de notre pays le vieux maréchal Pétain, croyant au départ qu'il serait le sauveur, celui qui serait capable de reprendre le combat face à l'ennemi, de le bouter en dehors de nos frontières et nous offrir le salut. Ce fut un désenchantement.

Malheureusement, le vieux héros de la Grande Guerre était devenu une chique molle. Cet homme qu'on idolâtrait était devenu, ou était déjà, un fasciste et un antirépublicain. J'avais honte, oui. J'avais honte que mon pays soit tombé dans la collaboration en pactisant avec l'ennemi et en participant à d'horribles exactions contre des minorités pacifiques, en organisant des rafles massives contre tous ceux qui pouvaient être juifs, tziganes, francs-maçons ou communistes. Le vieux maréchal avait capitulé et signé l'armistice avec l'ennemi puis avait formé un gouvernement à Vichy en totale collaboration avec les boches. Ce héros de la Grande Guerre perdait à tout jamais son auréole de grand soldat. Mais il n'était pas seul. Un grand nombre de militaires, de fonctionnaires le rejoignaient. Tous ensemble trahirent notre République. C'était mon avis personnel, mais partagé par beaucoup de citoyens français, patriotes et fiers de l'être.

Ce furent quatre années de désolation, de dénonciation, de restriction. La majorité du peuple français était malmenée, surveillée, épiée et surtout manquait cruellement de liberté.

À l'inverse, des hordes de miliciens à la solde des boches se gaussaient, revêtus de leurs uniformes noirs et vociférant des propos haineux. Je crois qu'ils étaient encore plus barbares que les membres de la Gestapo.

Si je puis me permettre un aparté, je vois malheureusement de nos jours poindre de sinistres individus, des leaders politiques leur ressemblant étrangement en ayant les mêmes comportements verbaux et haineux.

Heureusement pour la France, le grand Charles était parti organiser la résistance à Londres. Le général de Gaulle avait fui le continent en se réfugiant à Londres. Aidé par des cadres éminents, il put convaincre les forces alliées de constituer une véritable armée de patriotes français objectifs et rejetant l'autorité de Pétain, devenant de fait des parias, bannis par le gouvernement de Vichy.

À Jazeneuil, nous nous sommes tout de suite organisés pour agir. Si j'étais trop jeune pour la Grande Guerre, j'étais trop vieux pour la Seconde. Alors avec des copains ayant les mêmes opinions que moi, nous sommes entrés en rébellion, nous avons organisé une équipe solide et nous sommes entrés dans le maquis, c'était le "Groupe Paul". Notre organisation était composée d'amis sûrs, fiables et sérieux. Il fallait être extrêmement prudent. Car malheureusement, même dans notre petit bourg de Jazeneuil, il existait des gens peu scrupuleux que l'on soupçonnait de collaborer avec l'ennemi. Alors nous devions être doublement méfiants. Même en étant extrêmement vigilant, l'ennemi pouvait à tout moment débarquer et nous arrêter. La suite, nous la connaissions, c'était des menaces, des tortures ou des vengeances sur la famille et son entourage. Pire, la condamnation à mort sans aucun jugement.

Des Allemands, il y en avait partout, mais ce qui était plus terrible encore, c'était ces putains de milices. Des bêtes de rien, comme je t'ai déjà dit tout à l'heure, ils étaient pires que les boches. C'était des pourris, des vendus, des fous nourris de discours haineux.

Inutile de préciser qu'à la fin de la guerre, ils ont eu affaire à la vindicte populaire. Sans jugement parfois, certains ont été lynchés sans aucun regret, d'autres fusillés, toujours sans regret. De jeunes femmes qui avaient eu l'audace de coucher ou de collaborer avec l'ennemi ont été tondues ou molestées sur la place publique en représailles de leur forfaiture.

Convaincus qu'il fallait s'organiser pour agrémenter notre ordinaire, les copains et moi-même avions mis en place un petit réseau d'entraide afin de remédier au manque de pain, de viande et d'offrir des petits services que l'on pouvait rendre à des personnes nécessiteuses en qui nous avions une grande confiance.

Cette guerre nous avait apporté les tickets de rationnement. Évidemment, il n'était pas toujours aisé de faire manger les familles à leur faim. Rationnement est synonyme de peu. Beaucoup de choses manquaient dans les échoppes. Alors, en douce, on s'organisait pour tuer un cochon. On le partageait en privilégiant bien entendu les familles ayant plusieurs enfants. Un ami paysan qui participait activement au réseau élevait deux ou trois porcs en cachette pour nos besoins personnels. Nous nous organisions en fonction des besoins et des disponibilités pour tuer l'animal en toute discrétion. Un goret, ça gueule très fort au moment de le saigner. Pour que l'affaire soit intéressante, il engraissait ses bêtes afin qu'elles pèsent environ 150 kilos. Nous débitions l'animal en autant de morceaux qu'il fallait par rapport à la demande. Chaque "client" s'acquittait d'un autre service ou bien d'un peu de monnaie. Quand nous devions sortir la nuit, des sentinelles postées aux endroits stratégiques nous assuraient la sécurité en imitant le chant du hibou, puis discrètement, nous sortions en prenant bien garde d'être ni vus ni suivis. Il était probablement plus aisé de participer à nos coups de commando la nuit en résidant à la campagne. Nous connaissions tous les petits chemins de traverse, tous les moindres recoins des villages. Nous les avions bien répertoriés afin de semer d'éventuels poursuivants. Nous avions aussi la possibilité de naviguer sur la Vonne. Notre rivière nous a rendu de grands services pendant l'occupation.

Toujours à la quête de chair fraîche à la nuit tombée, nous posions des collets, et le matin dès la première heure, nous allions prélever les lapins de garenne qui pullulaient à cette époque, parfois nous avions la surprise d'y trouver un faisan ou un perdreau. Nous jetions des nasses à l'eau le soir tard. Il y avait beaucoup de poissons dans la rivière et on y faisait de belles pêches. Tous nos petits trafics auraient pu nous faire attraper. Mais on avait su mettre au point une véritable stratégie et l'absolue confiance que nous avions entre nous était indéfectible. Grâce à notre petite organisation, beaucoup de familles ont pu manger à leur faim. Pour le pain, nous avions la chance d'avoir dans notre groupe notre copain Firmin Gaillard. C'était le propriétaire du vieux moulin de Pairé sur la Vonne. Nous y fabriquions notre farine grâce au blé qu'un copain paysan de la Sagrie nous cédait pour une somme dérisoire. Nous pétrissions et nous faisions lever notre pâte directement sur place. Le lendemain, on cuisait dans le vieux four à pain planqué à l'arrière du moulin. Nous faisions notre pain directement à la ferme une fois par semaine. Nous devions être prudents. En cuisant, le pain exhale des senteurs qui se répandent aux alentours. Des jaloux, il y en avait de nombreux. Mais il nous était impossible de faire du pain pour tout le monde. Nous pouvions faire concurrence au boulanger, mais le pain était restreint avec les tickets de rationnement. Je suis certain que nous n'étions pas les seuls à organiser ce genre de petit trafic, mais c'était notre credo et les seules conditions pour notre sécurité étaient d'être muets comme des carpes et surtout de bien surveiller nos arrières. Il y avait malheureusement des gens prêts à tout pour se faire bien voir de la milice ou de la Gestapo. Prêts à vendre père et mère s'il le fallait.

Le silence et la discrétion étaient requis pour appartenir à notre groupe. En dehors de nos escapades nocturnes, il fallait continuer nos activités habituelles et notre travail quotidien afin de n'éveiller aucun soupçon. Nous avons pris tous les risques avec ta mère. Des membres du réseau nous avaient demandé si nous voulions accueillir des juifs en cavale, de passage pour une journée seulement, puis ils repartaient le soir, la nuit venue. Ces pauvres gens fuyaient les exactions, les arrestations massives en espérant regagner le sud de la France ou l'Espagne. Il n'était pas question d'être en dehors du coup malgré les risques. Nous les accueillions le temps que leur prochaine étape soit programmée et assurée. Nous leur demandions une extrême prudence et de rester silencieux pendant leur halte. Ce qu'ils comprenaient très bien. Nous avons toujours condamné l'injustice ta mère et moi, surtout la persécution de toutes ces minorités. Seulement, nous mettions notre propre vie en danger et bien évidemment celles de tes frères et de ta sœur, mais c'était plus fort que tout, c'était un devoir, un besoin de rendre service. Nos convictions patriotiques et politiques faisaient qu'il aurait été insensé de ne pas participer à cet élan de solidarité.

Tes frères aînés avaient trouvé du travail. Joseph était apprenti boulanger chez le père Delacroix à Curzay, Gaston travaillait dans une ferme à La Gaud, Roger et ta sœur Josiane continuaient l'école dirigée par le père Thoreau. La vie continuait malgré les risques que les uns et les autres prenaient.

Chaque jour qui passait demandait une vigilance accrue et permanente. Je n'ai jamais connu au cours de ma vie un tel climat de défiance et de crainte. On pouvait être arrêté à chaque minute, mais nous en faisions fi et nous n'avons jamais cédé.

De Gaulle était à Londres, la résistance française s'organisait et quelques résultats mettaient à mal les forces ennemies. Grâce à lui, nous avions repris confiance en multipliant nos actes de rébellion et de sabotage. Je ne sais pas pourquoi, mais j'étais convaincu qu'il allait nous sortir de là.

Tous les soirs, nous captions les messages diffusés par la *BBC* encourageant les Français à résister et à garder la tête haute alors que c'était strictement interdit.

Modestement, avec mes copains cantonniers, on essayait parfois de ralentir les convois de boches. Dès qu'on apprenait qu'ils allaient passer sur une route, nous nous organisions pour enclencher des travaux bloquant la chaussée pour les ralentir. Ah c'était plus que chaud parfois ! Ça gueulait, ils nous bousculaient, faisaient valdinguer nos outils ou nos véhicules. Mais on s'en foutait. Ce qu'on voulait, c'était les ralentir et les emmerder le plus possible.

Maman coiffait les hommes, mais il lui arrivait parfois que des soldats allemands viennent au salon pour se faire couper les cheveux. Plus d'une fois, elle eut envie de leur trancher la gorge en leur rasant les pattes et la nuque. Heureusement, elle a toujours su se contenir.

Il arriva qu'un jour, c'était en toute fin de journée, un soldat allemand était assis sur son fauteuil pendant que maman lui coupait les cheveux, quand il entendit un bruit à l'étage. Entendant ce bruit, il se leva, bouscula ta mère et voulut grimper les escaliers en hurlant :

— Was es ist. Die oben ist ?

Ne comprenant pas ce qu'il gueulait, elle lui barra le passage en faisant front, se doutant bien qu'il avait probablement entendu des bruits de pas ou autre chose venant de l'étage où étaient planqués les réfugiés attendant patiemment la nuit pour une autre étape nocturne.

— Non, pas monté, garçon malade.

— Was ?

— Garçon malade, grave, grippe, au lit, c'est lui qui fait bruit. Très malade, contagieux. Krank, ansteckend. Vous compris moi ?

— Ya, ya, c'est bon, gut.

Il se rassit, à peine convaincu, mais gardant une oreille attentive, et ta mère, très éprouvée par cette mésaventure, termina sa coupe de cheveux en espérant le plus grand silence à l'étage. Je peux te dire que ce jour-là, nous avons eu très chaud.

Après cela, en accord avec le réseau de passeurs, nous avons décidé à contrecœur d'arrêter provisoirement d'assurer le gîte lors des transferts de ces pauvres gens par la maison. Prendre des risques, d'accord, mais nous avions vraiment frôlé la catastrophe. À partir de ce jour, nous devions être doublement prudents. Suite à cette affaire, nous redoutions d'avoir une descente de la Gestapo ou des chiens de la milice. Voilà ce que nous avons vécu pendant cette saloperie de guerre.

J'ai toujours continué mon travail. L'administration des Ponts et Chaussées sous l'autorité du maréchal nous envoyait toujours sur des chantiers dans tout le canton. Mes collègues et moi-même avions décidé d'en faire le moins possible. Je suis pour la désobéissance lorsqu'il s'agit du refus à un ordre venant d'une autorité contingente. Une forme de désobéissance en quelque sorte. Hors de question de bosser pour les collabos.

Lors de la dernière année de cette putain de guerre, ton frère Joseph était plus ou moins entré dans le maquis. Je le trouvais un peu trop téméraire. Il n'en mesurait pas l'importance ni la dangerosité. J'aurais aimé qu'il n'y participe pas, mais il avait dix-sept ans et c'était déjà un beau gaillard, courageux et volontaire. Il réussit un jour un petit exploit personnel. Il était allé faire un coup de pêche au bord de la Vonne, pas très loin de l'endroit qu'on appelait "plage" à l'époque. Et que voit-il en train de se baigner ? Deux soldats allemands qui batifolaient dans l'eau comme deux grands nigauds. Une drôle d'idée lui traversa l'esprit.

Il s'approcha discrètement de l'endroit où ils avaient déposé leurs uniformes après avoir laissé son matériel de pêche le long d'un peuplier. En rampant dans l'herbe haute, il leur piqua une paire de brodequins. Par chance, ils étaient de sa pointure. Bien tranquillement, il était revenu à la maison, muni de son trophée et fier de lui. Je l'engueulai, il aurait pu être vu et se faire prendre. Ces cons-là ne rigolaient pas. Avec le recul, je crois que j'aurais préféré le féliciter pour son audace. Il aurait pu tout prendre ou tout balancer à l'eau, mais ses actes auraient pu causer de graves représailles envers la population.

Les deux soldats n'ont jamais dû se plaindre auprès de leurs supérieurs, ça aurait fait mauvais effet. Nous n'avons jamais entendu quoique ce soit à ce sujet, sachant qu'à la moindre broutille ou escarmouche, des hordes patibulaires de soldats allemands pouvaient à tout moment débarquer dans le bourg et réprimer la population. C'était chose courante, c'est pour cela qu'il fallait être très prudent lorsque l'on avait envie de leur porter quelques estocades.

Dans la troupe qui patrouillait régulièrement dans notre village, il y avait des soldats qui ne partageaient pas la théorie de leur führer. L'un d'eux s'appelait Gunter. Nous avions noué quelques amitiés. Il venait parfois se faire couper les cheveux au salon. Il venait d'une petite ville du nom de Badenweiler en Forêt-Noire. Il nous parlait de son village, parce que, disait-il, "c'était une ville réputée pour ses thermes, célèbres dans son pays" et qu'il redoutait qu'après la guerre, on y ait subi de nombreux dégâts. Il était caporal, et d'une extrême gentillesse. Il déplorait cette guerre et regrettait d'être éloigné de sa famille et de son travail. Il exerçait la profession d'instituteur et parlait assez bien le français, bien mieux que moi l'allemand dont j'avais oublié la plupart des mots.

Il ne comprenait pas ce qu'il faisait là. Nous avions sensiblement le même âge. Je crois que s'il avait pu s'évanouir dans la nature, il l'aurait fait volontiers. Cela prouvait bien que certains membres de l'armée ennemie désapprouvaient cette horrible guerre. Gunter était quasiment devenu un ami. Il est parti un jour sans nous dire au revoir. Probablement affecté ailleurs ou retourné dans son pays. Ou son comportement avec la population locale avait déplu à ses supérieurs.

J'ai une anecdote au sujet des petites vacheries que nous faisions aux troupes allemandes. Au cours du printemps 1944, nous étions en chantier sur la route de Coulombiers, le chef nous avait entretenu du passage d'un important convoi ennemi dans la journée du vendredi 17 mai. Il s'agissait de troupes qui se délocalisaient plus au nord afin de porter assistance aux forces en présence en Normandie. Notre chef était de la même trempe que nous. C'était un fonctionnaire haut gradé qui en théorie devait allégeance à son autorité de tutelle, mais il refusait d'obéir aveuglément aux dictats.

Ainsi, notre groupe, avec l'appui de notre chef, était toujours uni et volontaire pour donner des petits coups de griffe à l'adversaire. Ce jour-là, il nous demanda de scier plusieurs futaies de châtaigniers afin de bloquer la route sur plusieurs dizaines de mètres. Forts des ordres donnés par notre hiérarchie, nous nous exécutâmes avec grand plaisir. Tôt ce vendredi-là, mes copains et moi sciâmes plusieurs futaies de châtaigniers. La route était entravée sur plusieurs dizaines de mètres dans un méli-mélo de branchage extrêmement dense. Quand les boches sont arrivés avec leurs camions Opel-Blitz, leurs Kubelswagens et leurs automitrailleuses, ce fut la panique la plus totale. Nos troncs d'arbres étaient entremêlés les uns aux autres, nous avions bien pris soin de les disposer de la sorte, et ce, juste après un grand virage afin qu'ils les aperçoivent au dernier moment. Vous auriez vu le chantier, ça gueulait de partout, certains s'énervaient et nous, placidement, nous expliquâmes que nous étions en plein chantier, commandé par notre hiérarchie afin de sécuriser la voie. Les futaies étant devenues dangereuses et passibles de tomber sur la voie à tout moment.

Leur chef nous insulta en nous obligeant à retirer immédiatement l'enchevêtrement de branches. Je crois même qu'il nous menaça de représailles. Faisant mine de ne pas comprendre ce qu'il nous disait à cause de son fort accent, nous mîmes un bon moment avant de réagir. Ses soldats descendirent de leurs véhicules et nous aidèrent à dégager la chaussée. Je crois bien que s'ils avaient eu un pistolet à la place des yeux, ils nous auraient fusillés. Aussitôt après qu'ils furent partis, nous avons ri si fort qu'ils auraient pu nous entendre. On prenait beaucoup de plaisir à les embêter de temps en temps. Nous faisions juste ce qu'il fallait dans des limites raisonnées et acceptables. Nous ne voulions pas mettre notre vie en danger, ça n'aurait pas été raisonnable. Chacun de nous avait une famille. L'engagement dans le combat a ses limites. Faire, mais surtout ne pas se faire prendre. »

Chapitre 25

L'armistice

« En écoutant la TSF, le 6 juin 1944, j'ai appris que les alliés venaient de débarquer en Normandie et que leurs forces mettaient à mal l'ennemi. Enfin, de bonnes nouvelles. La vie allait pouvoir reprendre son cours normal. Que c'est long quatre années de guerre ! Que c'est long le manque de liberté ! Dès lors, j'imaginais le plaisir retrouvé.

Les 11 et 12 juin 1944, le camp d'internement de Rouillé était enfin libéré après l'attaque des FTP (francs-tireurs et partisans). Nous commencions à voir le bout du tunnel. Une infime lueur d'espoir. La résistance était bien organisée. C'était une grande victoire qui faisait poindre le déclin des forces ennemies. Le 24 avril 1945, avec l'accord de ses amis allemands, le vieux maréchal s'était réfugié en Suisse espérant un retournement de situation.

Le 28 avril son ami, le dictateur Mussolini, et sa maîtresse furent abattus par ses anciens partisans, obéissant à leur nouveau chef Victor-Emmanuel III.

Le 30 avril suivant, l'ignoble dictateur Hitler se suicida avec sa compagne Éva, déclenchant dans toute l'Europe un immense souffle d'espoir.

Le 7 mai 1945, l'ennemi venait de capituler. Mis à mal sur tous les fronts, les boches se rendaient sans condition. Sans réel chef, les forces ennemies abandonnèrent le combat. Les forces alliées sortirent vainqueures de cette épouvantable guerre qui avait embrasé la planète entière et le 8 mai 1945 l'armistice fut signé. Il est difficile d'imaginer la joie qui se dégageait dans tout le pays, la liesse engendrée propulsait les énergies.

Une fois encore, vingt-sept ans après, le monde se relevait meurtri, mais libéré du mal profond du fascisme et du néo-colonialisme, avec la forte envie de se remettre de ses années terribles et dévastatrices.

Des villes entières étaient à reconstruire suite aux bombardements intenses qu'elles avaient subis. Les morts se comptaient par centaines de milliers. Les monuments aux morts de chaque commune allaient recevoir de nouvelles plaques de marbre gravées avec les noms de chaque disparu au combat pendant ces quatre maudites années. J'en ai des frissons rien que d'y penser.

Dans nos campagnes, il n'y avait pas trop de dégâts matériels. Seulement quelques petits affrontements avec l'ennemi sans conséquences sur la population. Les bourgs et les villages avaient été épargnés. Un des rares villages ayant été incendiés dans notre canton fut le village de la Branlerie, dans la forêt de Saint-Sauvant. Ce village isolé en pleine forêt avait été abandonné par ses habitants en 1941 qui souhaitaient se rapprocher du bourg de Saint-Sauvant. Il servait dès lors de quartier général aux maquisards.

Probablement sur dénonciation, le 27 juin 1944, des soldats allemands et des miliciens encerclèrent le hameau, tuant quatre hommes au combat, dont le capitaine Bernard, puis exécutèrent vingt-sept soldats courageux. Ils mirent le feu au village en partant.

Le calme, la sérénité, le courage, l'envie de passer outre s'installa petit à petit dans notre pays. De Gaulle fut d'abord le chef de la France libre puis président du Gouvernement provisoire de la République de 1944 à 1946. C'est lui qui institua pour la première fois le droit de vote des femmes aux élections municipales de 1945. Il démissionna le 20 janvier 1946 après un désaccord profond au sujet de crédits souhaités pour l'armée française.

Par la suite, j'ai souvent été en désaccord avec lui. Il faisait plutôt une politique de droite et ça n'est pas dans mes convictions. Mais j'ai beaucoup de respect pour ce grand personnage. Il avait la trempe des grands hommes, rien à voir avec nos dirigeants actuels. Après la guerre, nous eûmes deux autres garçons, Bernard en 1947, puis toi, le petit dernier, en 1949. Si ta mère avait eu un arc et des flèches à la place des yeux, elle m'aurait transpercé le cœur.

Vous êtes deux enfants (non désirés), mais avec le recul, elle fut bien heureuse de vous avoir mis au monde. Ça l'avait bien fatigué, les grossesses avaient été pénibles et son salon ne désemplissait pas.

Elle avait déjà la quarantaine quand tu es né.

Sa mère, Marie-Madeleine, est décédée le 3 février 1948, elle avait 79 ans. Depuis son veuvage, elle avait assuré son travail à la ferme jusqu'à son décès. Bien entendu, son fils, Maurice, gérait d'une main de maître les travaux agricoles et la pauvre s'occupa de ses chèvres, de ses fromages toujours aussi bons et de ses volailles jusqu'à la mort. C'était une brave belle-mère, mais elle était toujours restée aussi autoritaire. J'ai en mémoire le souvenir de ses coiffes. Je l'ai toujours connue coiffée de sa *pantine* (coiffe poitevine). Elle ne s'en séparait jamais. Je me demande même si cette coiffe n'était pas rivée sur son crâne et si elle ne la gardait pas pour dormir.

Tes deux grands frères, Joseph et Gaston, s'étaient engagés dans la marine nationale après la guerre. Mes deux garçons avaient envie d'espace, d'aventure, de dépaysement, bien leur en a pris. Ils ont fait le tour du monde sur le croiseur *Jeanne d'Arc*. C'était une sacrée aventure à cette époque. À leur retour, on les considéra un peu comme des héros, des aventuriers. Ils avaient tant de souvenirs à raconter. Quant à Roger, il était apprenti boulanger à Saint-Sauvant et ta sœur terminait sa scolarité.

Le 12 janvier 1951, mon père est décédé. Mort de fatigue, usé, à 77 ans. Son corps n'en pouvant plus après toutes ses années de misère et de labeur. On peut dire qu'il n'avait pas été gâté dans sa chienne de vie. Je conserve une grande admiration pour lui, ma mère mérite autant d'admiration. Quelle femme !

Toujours en 1951, l'ingénieur me proposa à un grade supérieur dans la fonction publique. C'est ainsi que je fus promu chef de secteur. Il avait appuyé ma candidature pour ce poste parce que, disait-il, j'avais été méritant pendant la guerre et j'avais aussi le sens inné du commandement. J'allais diriger une équipe de cantonniers sur les secteurs de Rouillé et Saint-Sauvant. Je devais être au plus près de mes équipes et c'est la raison pour laquelle, une fois encore, nous entreprîmes de déménager pour Rouillé en 1953.

Ce devait être une décision mûrement réfléchie avec ta mère. En quittant Jazeneuil, elle abandonnait son salon de coiffure. Il lui aura fallu beaucoup de temps pour réfléchir et prendre sa décision. Je la comprenais et je ne voulais surtout pas l'obliger. Ce fut très compliqué.

On n'abandonne pas une affaire rentable en claquant des doigts. Après avoir pesé le pour et le contre, elle choisit l'option de partir. Ses arguments avancés étaient les suivants : il y avait les deux derniers à élever, Bernard et toi, puis ma mère, qui jusque-là l'aidait du mieux qu'elle pouvait, était très fatiguée. Elle ne pouvait plus s'occuper du ménage, du linge, de la cuisine et des enfants comme avant. L'âge était là et la lassitude aussi, surtout depuis le décès du père. Nous lui avions trouvé une petite maison tout de suite après le pont sur la gauche. Le loyer était très modeste. En accord avec mes frères et mes sœurs, nous avions fait en sorte de l'aider à payer son loyer et tous les mois, nous lui versions une petite somme d'argent qui suffisait à subvenir à ses maigres besoins.

Voilà le bout de l'histoire. Ta maman a cédé son affaire à une dame qu'on ne connaissait pas pour une somme d'argent dérisoire et nous sommes venus vivre à Rouillé. Sans regret. La suite, vous la connaissez. »

– Merci, papa, ton récit nous a beaucoup plu. J'ignorais totalement l'histoire de ta plus tendre enfance, de ta vie, de ta jeunesse, jusqu'à ta vie d'aujourd'hui. C'était passionnant. En quelques heures, tu viens de m'apprendre des pages entières de l'histoire de notre famille et de notre pays pendant la première moitié du vingtième siècle. Personnellement, j'étais bien jeune quand nous sommes partis de Jazeneuil, mais ça reste mon village natal et peut-être qu'à mon tour, je raconterai à mes enfants ou bien à mes petits-enfants l'histoire de ma vie. Elle n'est peut-être pas aussi palpitante que la tienne, mais elle est tout de même bien remplie.

Moins on a d'aises, moins on a de besoins. Moins on a de besoins, plus on est heureux.
Jules Vernes

Je tiens à remercier mon frère Bernard. Ses travaux de généalogie m'ont aidé pour fixer des points de détail importants pour le bon déroulement de cette histoire. Je remercie ma sœur Josiane qui reste un peu le pendant de la mémoire de notre famille et aussi le grand artiste Gégé (Gg) qui m'a gentiment dessiné cette paire de godillots pour la couverture de mon livre. Gégé est dessinateur dans sa Bretagne d'adoption, il est particulièrement connu par tous les bédéistes de la Francophonie.

Ce récit raconte l'histoire de notre père Alexandre. Beaucoup de faits sont réels. Je m'en tiens à ce qu'il m'a raconté. Certains passages, des noms de personnes ou de villages sont purement imaginaires. Toute ressemblance avec des personnes qui pourraient se reconnaître dans cette histoire serait purement fortuite.

Achevé d'imprimer en France par

Centre
Littéraire
d'Impression
Provençal

imprimerie-clip.com

Imprimé sur papier Clairefontaine fabriqué dans les Vosges.